뉴스, 토크하다

BOOK
JOURNALISM

뉴스, 토크하다

발행일 ; 제1판 제1쇄 2022년 1월 12일
지은이 ; 엄기영 발행인·편집인 ; 이연대
디렉터 ; 신아람 에디터 ; 이현구·정원진
디자인 ; 권순문 지원 ; 유지혜 고문 ; 손현우
펴낸곳 ; ㈜스리체어스 _ 서울시 중구 한강대로 416 13층
전화 ; 02 396 6266 팩스 ; 070 8627 6266
이메일 ; hello@bookjournalism.com
홈페이지 ; www.bookjournalism.com
출판등록 ; 2014년 6월 25일 제300 2014 81호
ISBN ; 979 11 92572 49 9 03300

이 책은 방송문화진흥회가 저술 지원 하였습니다.

BOOK
JOURNALISM

뉴스, 토크하다

엄기영

추천사

책을 읽으면서 그냥 웃음이 나왔다. 지금도 종종 SNS 영상으로 찾아볼 수 있는 20주년 특집 〈100분 토론〉은 내게도 짜릿한 기억이기 때문이다. 엄기영 저자는 '토론은 지루하고 딱딱하다'는 통념을 깨고, 재미있어 미치겠는 100분짜리 토론을 만들어 낸 사람이다. 제작 회의 때 수많은 아이디어를 쏟아내던 그가 책을 출간한 건 어쩌면 당연한 일이겠다. 책만큼 그가 만들어낼 획기적이고 멋진 방송을 기대해 본다.

-MBC 〈100분 토론〉 전 진행자 김지윤

트렌드는 특정 연도 이후 태어난 사람들의 전유물이 아니다. 트렌드는 우리 사회가 가고 있는 방향성이다. 우리 사회는 수직에서 수평으로, 조직에서 개인으로, 한 방향에서 쌍방향으로 가고 있다. 뉴스라는 가장 오래되고 가장 권위적인 형식의 미디어도 예외는 아니다. 가장 오래된 형식이 시대 정신을 만나 어떻게 변주되는지 엿보고 싶은 분에게 일독을 권한다.

-《2023 트렌드 노트》 공동 저자 박현영

토크 뉴스라니? 뉴스는 원래 토크 아닌가? 아니란다. 새로운 방식의 토크 뉴스는 전통 미디어를 넘어 OTT와도 관련이 깊고, 정치 1번지 미국의 토론 문화와도 연관이 있단다. 저자는 이미 충분히 새로운 대세가 된, 그리고 더욱 대세가 될 흐름에 관하여 주도면밀한 토크를 펼치고 있다. 비단 뉴스뿐이겠는가, 토크가 넘실대는 세상 당장 이 책을 집어 들자.

-역사학자 심용환

; 15초 기자 리포트에서는 모두가 전문가지만, 15분 라이브 토크에서는 진짜 전문가만이 살아남는다. 토크 뉴스가 성장할수록 앵커와 기자들은 전문적 지식과 충실한 취재를 요구받게 될 것이다. 저널리스트의 전문성이 높아지면 뉴스의 품질도 높아진다.

차례

TV에 심어진 토크 뉴스 DNA

프롤로그   토크 뉴스의 시대

우리는 지금 토크 뉴스Talk News 시대에 살고 있다. 토크 뉴스는 새롭고 쓸모 있는 정보를 의미하는 뉴스News와 사람 간의 대화를 의미하는 토크Talk가 결합된 용어다. 이 책을 위해 만든 용어기도 하다. 뉴스라는 단어는 쉽게 쓰이지만 무엇이 뉴스고 어디까지가 뉴스인지 정의하기란 무척 복잡한 일이다. 낯선 단어인 만큼 토크 뉴스가 무엇인지에 대한 설명이 먼저 필요할 것이다.

뉴스와 커뮤니케이션의 오랜 역사가 그러했듯이, 새로운 기술이 등장하고 사람들이 좋아하는 것이 바뀌면서 뉴스의 형식 역시 바뀐다. 지금 대한민국에서 뉴스가 만들어지고 소비되는 방식은 무척 다양하다. 생산자는 뉴스를 글로 쓰기도 하고, 영상으로 보여 주기도 하고, 말로써 전달하기도 한다. 인터넷과 모바일이 발전하면서부터는 그래픽과 이미지를 활용한 카드 뉴스가 등장했다. 최근에는 각종 동영상 플랫폼이 인기를 끌면서 틱톡이나 유튜브, 인스타그램 등에서 60초 전후의 짧은 '숏폼short-form' 뉴스가 인기를 끌고 있다. 뉴스를 전달하는 매체들도 신문, 라디오, TV, OTT 등으로 무척 다양해졌다. 뉴스와 소비자가 만나는 지점이 확대되며 생긴 변화다. 디지털 기술의 영향으로 아예 매체 간 경계가 사라지고 융합되는 추세이기도 하다.

토크 뉴스는 이러한 변화에 맞춰 성장하고 있는 강력하

고 새로운 뉴스 형식이다. 필자가 생각하는 토크 뉴스란, 진행자와 출연자가 자유로운 대화를 통해 대중이 관심 있어 하는 이슈를 전달하고, 의견과 관점을 담아 분석하는 뉴스 형식이다. 같은 말이라도 아 다르고 어 다른 법이다. 뉴스를 말로 전한다는 점은 기존과 같지만 토크는 딱딱한 대담이나 토론과는 분명 다르다. 출연자의 캐릭터와 화법, 맥락에 따라 더 풍성하게 연출된다는 점은 일종의 토크 쇼Talk Show와도 닮았다.

　　토크 뉴스에 앞서 이러한 형식의 프로그램을 가리키는 용어들이 있는 게 사실이다. 정치 예능이나 정치 토크 쇼, 시사 토크 쇼 등이다. JTBC 〈썰전〉, TV조선 〈강적들〉 같은 프로그램, 또는 종합 편성 채널의 낮 시간 시사 프로그램을 가리키는 뜻으로 주로 사용되고 있다. 지상파 예능 프로그램에 유력 정치인이 특별 출연하는 경우 등도 여기에 포함된다. 요컨대 이러한 용어들은 일회성 이벤트 프로그램, 또는 종합 편성 채널의 독특한 뉴스 형식이라는 의미가 강하다. 요즘처럼 지상파·종편·라디오 등 매체를 가리지 않고 토크 형식의 뉴스 프로그램들이 매일 끊임없이 방송되고 있는 상황을 제대로 설명하기도 어렵다. 이를 통해 전달되는 뉴스의 양과 영향력은 더 이상 예능이나 토크 쇼의 그것이 아니다. 그래서 이 책은 변화된 방송 뉴스 환경에 맞춰 "토크 뉴스"라는 새 용어를 제안한다.

필자는 20년간 기자 생활을 경험하고, 최근 MBC 시사 토론 프로그램 〈100분 토론〉과 낮 뉴스 〈2시 뉴스외전〉, 그리고 대통령 선거 방송 기획단에서 다양한 프로그램을 만들어 왔다. 그동안 앞서 말한 추세는 더 강해졌다. 토크 뉴스는 사실 미국의 TV 뉴스나 OTT 스트리밍 뉴스에서 보다 쉽게 접할 수 있다. 필자는 미국 네바다주에 있는 리노Reno에서 네바다주립대학교UNR 교수진, 현지 방송국 관계자, 정치인 등과 토크 뉴스에 대해 다양한 이야기를 나눴다. 결론적으로 많은 시청자가 토크 뉴스를 좋아하고 있으며, 이 흐름은 점점 강화되고 있다는 것에 대부분 동의했다.

토크 뉴스가 정치적으로 편향된 의견을 전파해 갈등을 부추기고, 자극적인 발언들로 문제가 되는 것은 한국과 미국의 공통된 부작용이다. '표현의 자유'를 중시하고 상업 방송 시스템이 확고한 미국 뉴스들은 발언 수위가 한국보다 훨씬 더 세기도 하다. 물론, 우리나라의 미디어 환경은 미국과 다르다. 뉴스에 대한 사람들의 인식, 법적 규제 등에서 여러 가지 차이가 있다. 하지만 토크 뉴스가 인기를 끄는 정치적·사회적·미디어 산업적 배경은 비슷하다. 결국 주목할 것은 한국적 미디어 환경에서 트렌드가 된 토크 뉴스를 어떻게 잘 활용하느냐다. 이는 뉴스 제작자와 뉴스 소비자 모두가 함께 생각해 볼 주제다. 좋은 뉴스, 신뢰할 만한 뉴스를 만드는 것은 제작자의 의무이고, 좋은 뉴스를 선택하고 격려하는 것은 소비자의 몫이기 때문이다. 뉴스가 만들어지는 구조와 트렌드를 아는 것은 좋은 뉴스를 선택하는 데 도움을 줄 것이다.

이 책을 쓰는 데 아낌없는 조언을 해주신 윤기웅 교수님, 김경환 교수님, 한정훈 기자, 그리고 미국인의 시각을 솔직하게 공유해 준 UNR 교수들과 현지 방송국 관계자들에게 감사를 표한다. 아빠의 책을 손꼽아 기다려준 두 아이 세현·세령과 사랑하는 아내 지원, 그리고 어머니에게 이 책을 바친다.

지금부터 토크 뉴스는 기존 뉴스와 무엇이 어떻게 다른지, 왜 새로운 트렌드가 되고 있는지, 매일 뉴스를 접하는 뉴스 소비자는 이 현상을 어떻게 바라봐야 하는지 하나씩 재미있게 풀어 보고자 한다.

미국 네바다주립대학교 레이놀즈 저널리즘스쿨 연구실에서
2022년 12월

대통령 선거와 토크 뉴스

토크 뉴스의 인기와 영향력을 가늠하는 데 있어 2022년은 중요한 해다. 두 개의 큰 선거가 약 3개월 간격을 두고 동시에 치러졌기 때문이다. 제20대 대통령 선거와 제8회 전국 동시 지방 선거다. 선거는 민주주의의 꽃이자 대형 정치 이벤트다. 미디어 입장에서는 끊임없이 속보가 쏟아지는 그야말로 '뉴스 화수분'이다. 특히, 지상파 방송사에 있어 대선은 5년에 한 번씩 돌아오는 가장 큰 뉴스 이벤트다. 통상 6개월 전부터 대통령 선거 방송을 준비한다. 하루 방송을 위해 6개월씩이나 준비를 한다니 혹자는 놀랄 것이다. 하지만 그렇게 준비해야 아침부터 밤까지 이어지는 라이브 방송에서 새로운 볼거리를 만들어 낼 수 있다. 실시간으로 쏟아지는 출구 조사와 개표 데이터를 쉽고 정확하게, 그리고 첨단 기술을 적용해 전달하려 노력한다.

선거 방송은 일종의 '뉴스 쇼News Show'라고 할 수 있다. 시청자의 이목을 집중시키려면 재미있고 화려해야 한다. 다양한 컴퓨터 그래픽CG, 증강 현실AR 등의 기술이 선거 정보와 결합되고, 해외 모터쇼 같은 이벤트에서 볼 수 있는 대형 LED 무대까지 등장한다. 선거 방송 제작진은 매번 선거 때마다 새로운 방송 기술을 도입하고 아이디어를 쥐어짠다. 그래서 선거 방송은 방송 기술과 뉴스 전달 방식에 이르기까지 여러 가지 측면에서 미디어의 최신 트렌드를 읽는 바로미터다. 2017년의 대선과 비교할 때, 지난 2022년 대선에서 지상파 선거 방송이 보여준 새로운 트렌드는 패널Panel이다. 논객의 비중이 커졌다.

선거 방송에 출연해서 선거 정보를 전달하는 사람은 크게 세 가지 분야로 나뉜다. 생방송을 진행하는 앵커, 데이터를 분석하고 속보를 전하는 기자, 그리고 패널이다. 패널은 여야 정치인 또는 정치적 성향이 뚜렷한 해설가들이다. 이들은 정치에 대한 높은 이해와 전문성 및 실시간 선거 정보를 바탕으로 각 정당의 성적을 평가하고, 선거 결과에 담긴 정치적 맥락을 분석한다. 선거 방송 시청자들은 패널들의 분석에 귀를 기울인다. 승패의 원인, 선거 결과의 의미, 향후 정국 전망 등 해당 선거가 앞으로 대한민국에 어떤 영향을 끼칠지에 대한 생동감 있는 정치 뉴스를 얻게 된다.

MBC 선거방송기획단에서 데스크를 맡아 2022년 대선과 지선 개표 방송을 준비할 때였다. 패널진을 구성하면서 여야 논객들을 직접 만나서 의견을 나눴는데, 논객들은 한결같이 전문성과 함께 '재미있는 말 상대'를 원했다. 내로라하는 논객들이 던진 말의 요지는 이렇다.

"A는 분석은 잘하는데 선을 안 넘어서 재미가 없다."

"B와는 한번 세게 붙어 보고 싶다. 재미있을 거다."

실제로 MBC와 KBS가 개표 방송에 섭외한 패널도 이전 대선에 비해 달라졌다. 과거에는 여야 정치인, 정치부 기자, 시사 평론가, 여론 조사 전문가 등을 적절히 배치해 패널 진을 구성했다. 이들은 주로 진행자와 질문을 주고받으며, 한마디씩 자신의 분야와 관련된 코멘트를 하는 역할을 맡았다. 그러나 지난 대선에서는 MBC와 KBS 모두 대선 전부터 해당 방송사의 프로그램에 출연하던 정치 토크 프로그램의 진행자와 출연자가 선거 방송의 패널로 출연했다. 선거 방송용 일일 패널이 아니라, 대중적으로 브랜딩Branding되어 있는 프로그램의 패널들을 활용해 선거 방송을 진행한 것이다.

KBS 개표 방송에는 유시민 전 노무현재단 이사장, 전원책 변호사를 중심으로, TV 정치 토크 프로그램 〈정치합시다〉의 진행자와 패널진이 출연했다. 유시민 전 이사장과 전원책 변호사는 정치 뉴스를 말로 잘 풀어내는 대표적인 논객으로, 앞서 2018년 MBC 지방 선거 방송에서도 〈배철수의 선거 캠프〉라는 이름을 달고 나란히 출연해 화제를 일으킨 바 있다. 대중적 인지도 또한 높다.

MBC 개표 방송 초반부에는 정준희 교수를 진행자로 하여 패널로는 정청래 의원과 김용태 전 의원 등이 출연했다.

(좌)2022 대통령 선거 개표방송 ⓒKBS 유튜브
(우)2022 대통령 선거 개표방송 ⓒMBC 유튜브

하지만 후반부에는 MBC 라디오의 정치 토크 프로그램 〈정치인싸〉의 진행자와 패널이 등장했다. MBC 〈정치인싸〉는 라디오와 유튜브를 통해서만 방송되는 시사 프로그램이다. 보수 패널은 장성철 교수와 천하람 변호사, 진보 패널은 현근택 변호사와 김준우 변호사다. 진행자는 허일후 아나운서다. 출연진 네 명은 모두 여야 정당 경험이 있는 논객들로 다양한 TV 정치 토크 프로그램의 단골손님이다. 이들은 TV보다 라디오에서 그 매력과 위력이 증가한다. 여러 제약이 많은 TV와 달리, 라디오 프로그램에서는 자유롭게 의견을 주고받으며 훨씬 직설적인 정치 토론을 할 수 있기 때문이다. 이어진 지방 선거에서도 MBC는 〈정치인싸〉팀을 패널로 선택했다.

　　KBS와 MBC는 왜 패널 구성에 변화를 줬을까? 이들의 '케미스트리' 때문이다. 이러한 패널 구성 변화는 뉴스 전달 방식과 내용에도 영향을 끼친다. 정치 토크 프로그램을 통해 수차례 손발을 맞춘 출연자와 패널은 서로에게 익숙하다. 때로는 진행자의 질문을 기다리지 않고 패널끼리 수시로 대화를 주고받으면서 뉴스를 다룬다. 대선이 주는 무게감이 있으니 평소 프로그램에서만큼 편한 분위기로 이야기하진 않지만 농담을 던지거나, 분석이 틀리면 면박을 주기도 한다. 또 자기 후보 측이 잘못한 부분도 신랄하게 비판한다. 이들의 정치 토크를 축구에 비유하자면 '티키타카tiqui-taca'다.

전원책 : 민주당이 스스로 자기 분열할 가능성이 있다고 봅니다.

유시민 : 재보궐 선거와 비교하면 이재명 후보가 엄청나게 캠페인을 잘했어요. 패배했다고 해서 정치 인생이 끝날 것도 아니고요. 민주당이 분열에 빠질 가능성 거의 없습니다. 혹시라도 윤석열 캠프에서 그걸 기대하고 무슨 작업을 하려고 손대는 순간 여야 관계는 곧장 파탄으로 치닫게 될 겁니다.

전원책 : 대장동 게이트 같은 것은 검찰 수사가 정말 정권의 눈치를 보지 않고 제대로 이뤄질 것으로 봅니다. 엄청난 정계 개편 가능성이 있다고 봐요. 여야 지도자들이 손잡고 악수한다고 해서 국민 통합이 이뤄진다고 생각하지 않습니다.

유시민 : 변호사님, 캠프에 자문해 주시는 거 아니죠. 윤석열 후보가 저런 말을 듣고 따르면 그대로 패가망신할 겁니다. 정치적으로.

KBS 2022년 대선 개표 방송 패널 발언 중에서

허일후 : 두 후보의 배우자 리스크가 표심에 영향을 많이 미쳤을까요?

천하람 : 양쪽 다 네거티브가 워낙 많다 보니까⋯ 둘 다 지쳐서⋯ 할 말 없는 대선이고요.

김준우 : 다들 우리 후보가 부끄럽다는 걸 아는 거예요.

허일후 : 현 변호사님 말씀도 들어 볼까요.

현근택 : 이야기 안 해도 됩니다. (일동 웃음) 사실, 제일 방어하기 힘들었어요. 배우자 법인 카드 문제는 민감하기도 하지만 객관적인 팩트 파악도 쉽지 않고. 제가 방송에서 이야기하면 그걸로 고발도 하시더라고요.

허일후 : 국민의힘, 방어하기 힘드셨던 것은?

천하람 : 학력이나 경력 부풀리기 논란 이런 부분이죠. 본인이 사과를 했습니다만 알맹이가 잘 들어가 있지 않았고, 저희가 내놓은 초기 메시지도 굉장히 안 좋았죠. 잘못이라면 잘못이다, 말도 안 되는 소리죠.

MBC 2022년 대선 개표 방송 패널 발언 중에서

대화에서 알 수 있듯 무겁게 격식을 차리면서, 진영 논리에 충실해 예상 가능한 대화가 오가는 일은 없다. 캐릭터가 분명한 사람들이 선거 뉴스와 투표 및 개표 상황을 놓고 서로 재치 있게 직설적으로 말을 주고받는다. 시청자들도 과거 선거 방송 패널들의 딱딱한 대화에서는 느낄 수 없었던 재미를 느낀다. 선거 방송에서 패널의 비중이 커지면서, 시청자들은 더 많은 정치 분석과 선거 정보를 패널들의 대화 속에서 얻게 된다.

KBS 〈정치합시다〉, MBC 〈정치인싸〉의 코너는 출연자들의 캐릭터와 정체성이 분명했기 때문에 12시간이 넘는 대선 라이브 개표 방송 안에서도 주목도가 높았다. 패널들이 사회적 영향력이 있는 인물들이다 보니, 생방송 중에 나눈 발언 자체가 또 다른 속보 뉴스로 보도돼 사람들의 이목을 끌기도 했다.[1] 이처럼 2022년 선거 방송에서 정치 토크 패널이 보조적 역할이 아닌 핵심 요소로 등장한 것은 최근의 뉴스 소비

트렌드와 밀접한 관련이 있다.

스트레이트, 리포트를 넘어

과거 어른들은 "세상 돌아가는 것 알려면 뉴스를 봐야지"라고 입버릇처럼 말하곤 했다. 지금 시대에 그 말을 적용하려 하면 갸우뚱해진다. 세상 돌아가는 것을 알려면 무엇을 어디서 보는 게 좋은지, 어떤 걸 봐야 뉴스를 보는 것인지 명확하지 않기 때문이다. 기존 뉴스 형태를 고려하면 과거 이 행위는 꽤 명백했다. 가령 저녁 아홉 시 뉴스나 조간신문을 보는 행위는 뉴스를 보는 것에 해당했다.

기존 방송 뉴스는 크게 스트레이트 뉴스와 기자 리포트로 나뉜다. 스트레이트 뉴스는 기자가 글로 써서 인터넷 홈페이지 등을 통해 보도한다. 리포트에서는 기자가 사건 사고 현장 등을 담은 영상 화면과 함께 핵심 내용을 목소리로 전달한다. 보통 각 방송사가 저녁 메인 뉴스에서 뉴스를 전달하는 주된 방식은 기자의 리포트다. 보도국이 가장 공을 들이는 저녁 메인 뉴스에는 그날그날 꼭 알아야 할 뉴스들이 압축적으로 전달된다. 특종 기사나 발로 뛴 탐사 기획 기사들도 많다. 앵커가 시청자들의 관심을 끄는 리드 멘트를 하고, 이어서 방송 전에 영상으로 만들어 놓은 2분 내외의 기자 리포트가 나간다. 권력자나 정부, 기업의 민낯을 고발하는 기자의 리포트는 사회적으로 큰 파장을 낳기도 하고, 앵커의 '촌철살인' 멘트는 사람들에게 오랜 기간 두고두고 이야기된다.

그런데 최근에는 이러한 전통적인 뉴스 전달 형식에 변화가 일고 있다. 각종 뉴스 프로그램에 기자가 출연해 앵커와 함께 취재한 내용을 대화식으로 풀어내면서 뉴스를 전달하거나, 앵커가 뉴스메이커와 인터뷰를 하는 경우가 크게 늘었다. 뉴스를 전하는 토크 쇼, 즉 토크 뉴스가 트렌드로 형성되고 있다. 가장 큰 이유는 시청자들이 더 이상 팩트 중심의 보도만을 바라지 않기 때문이다. 사람들은 정치인 또는 이슈 당사자에게서 직접적이고 충분하게 의견을 듣는 것에 흥미를 느낀다. 시청자들의 요구가 변하면서 같은 이슈를 다루더라도 사실 나열의 리포트가 아니라 토크 뉴스 형식으로 다룰 수 있는 뉴스 아이템의 가치가 올라간다. 토크 뉴스는 다소 딱딱했던 뉴스의 문법을 깨고 대중들에게 친절하게 '말을 건넨다'는 의미도 있다.

하루 종일 뉴스가 만들어지고 소비되는 과정을 자세히 살펴보면, 토크 뉴스는 예상외로 광범위하게 자리 잡고 있다. 예를 들어 보자. 출퇴근길 라디오에는 여야 정치인과 주요 인물이 나와서 진행자와 함께 뜨거운 이슈에 대해서 이리저리 떠든다. 전통적으로 토크 하면 라디오인데, 청취율이 높고 사회적 영향력이 큰 라디오 시사 프로그램으로는 TBS 〈김어준

의 뉴스공장〉, MBC 〈김종배의 시선집중〉, CBS 〈김현정의 뉴스 쇼〉 등이 있다.[2]

TV 역시 다르지 않다. 지상파와 종합 편성 채널 가릴 것 없이 낮 시간대에 뉴스 프로그램이 편성돼 있다. 낮 뉴스 프로그램에서는 진행자와 패널의 일대일 토크, 또는 여야 패널 간 토크 형식으로 주요 뉴스가 다뤄진다. 보통 한 프로그램당 1~2시간씩 편성돼 있다. 압축적으로 전달하는 기존 뉴스를 생각하면 큰 변화다. 앵커의 리드 멘트와 기자 리포트로 이뤄진 기존 형식은 불과 몇 년 전까지만 해도 보편적인 것이었다. 요즘엔 짧은 기자 리포트 비중이 낮아지고 진행자와 출연 패널 간 토크가 핵심 포맷이 됐다. 대표적인 프로그램들로는 KBS1TV 〈사사건건〉, MBC 〈2시 뉴스외전〉, SBS 〈주영진의 뉴스브리핑〉 등이 있다.

종합 편성 채널에는 이러한 프로가 더 많다. TV조선 〈보도본부 핫라인〉, 〈시사쇼 이것이 정치다〉, JTBC 〈정치부회의〉, 〈사건반장〉, 채널A 〈뉴스TOP10〉, MBN 〈뉴스파이터〉 등이다. 하나같이 정치나 사회적 관심 이슈를 놓고 진행자와 전문 패널들이 속보도 전하고 심층적으로 분석하는 프로그램이다. 신문과 방송 같은 레거시 미디어가 아닌, 유튜브와 팟캐스트에서는 수많은 정치 토크 프로그램이 수시로 업로드되고, 라이브 방송이 진행된다. 이 가운데는 유력 신문사와 방송사에서 운영하는 것도 있고, 정치적 성향이 뚜렷한 개인이 자신의 이름을 내걸고 운영하는 프로그램들도 있다.

진행자와 패널이 특정 이슈를 놓고 쉴 새 없이 떠드는 내용이 그저 그들만의 대화에 그치거나 뉴스로서 알맹이가 없다면, 토크 뉴스를 새로운 뉴스의 형식으로 평가하기 어렵다. 그러나 TV와 라디오, 유튜브에서 주요 정치인이나 이슈 메이커가 발언한 내용 가운데 상당수가 긴급 속보나 주요 뉴스로 끝없이 재생산되어 포털 사이트의 주요 뉴스들을 장식하고 있다. 몇 년 전까지만 해도 정치 뉴스의 생산은 방송사 저녁 메인 뉴스와 신문사 조간 보도로 나뉘어 있었는데, 이 구조도 깨졌다. 최근에는 밤낮을 가리지 않고 생방송되는 토크 뉴스들이 이러한 뉴스 생산 역할을 나눠 맡고 있다. 시청자들에게 인지도를 갖춘 논객이나 정치인, 그리고 전문가가 만들어 내는 토크 뉴스들은 신뢰할 만한 뉴스 소스인 것이다.

요컨대 우리가 현재 뉴스를 소비하는 큰 패턴은 스트레이트 속보 기사를 인터넷에서 읽고 핵심을 잘 정리해 둔 기자의 TV 리포트 뉴스를 챙겨 보는 것 외에 쉴 새 없이 사방에서 떠드는 토크 뉴스를 즐기는 것이라고 할 수 있다.

사람들은 팩트 플러스를 원한다

시청자 입장에서 토크 뉴스의 가장 큰 강점은 보고 듣기가 편하고 이해가 쉽다는 것이다. 전달 방식의 특성을 고려하면, 글로 써진 신문 기사를 읽는 것보다는 동영상 뉴스를 시청하는 게 더 쉽다. 동영상 뉴스는 문맥에 집중해서 읽어야 하는 수고로움이 덜하기 때문이다. 원래 말이 글보다 쉬운 법이기도 하다. 사람들이 유튜브의 인플루언서나 지식 정보를 전달하는 셀러브리티celebrity의 강연 동영상에서 정보를 얻는 것에 익숙해진 것과도 무관하지 않을 것이다. 토크 뉴스는 진행자와 출연자들의 대화를 통해서 뉴스를 전하기 때문에 시청자가 쉽게 이해할 수 있다. 귀를 열어 두고 대화에 집중하면 된다. 따라서 토크 뉴스는 신문 기사나 TV 리포트처럼 사안을 요약해 짧은 시간 내에 전달하는 것보다는 충분히 긴 시간에 걸쳐 이슈를 설명하고 분석하는 데 목적을 둔다.

토크 뉴스의 이런 특성은 현재 사람들이 원하는 뉴스와 정보의 형태와 밀접한 관련이 있다. 요즘처럼 인터넷에서 비슷비슷한 뉴스가 쏟아지는 시대에는 팩트fact만 나열된 뉴스로는 부족하다. 이면에 담긴 맥락을 아는 것이 좀 더 핵심 정보가 된다. 팩트를 넘어선 뉴스, 즉 '팩트 플러스(+)'가 요구되는 것이다. 플러스가 되는 것들은 기자와 패널의 의견이기도 하고, 이슈를 분석하는 관점이기도 하다. 토크 뉴스는 진행자와 출연자가 뉴스 소비자의 눈높이에 맞춰 핵심을 잘 짚은 뒤, 궁금한 부분을 파고들어 친절하게 설명하면서 '팩트 플러스'를 충족시킬 수 있는 뉴스 형식이다. 사람들은 틱톡 등에서 숏폼 콘텐츠를 즐기지만, 동시에 특정 이슈에 대해 역사와 배경까지 길게 설명하는 롱폼 콘텐츠 역시 좋아한다.

정치인이나 유명 인사 등 뉴스메이커 입장에서도 토크 뉴스는 매력적이다. 예전에는 정치인이 TV 메인 뉴스에 등장하려면, 유력 정치인이거나 국회 국정 감사에서 소위 한 건 해야 하는 등 나름 조건이 까다로웠다. 뉴스 시간이 짧은 데다, 정치인의 이야기를 그대로 다 들어 주는 경우도 드물었기 때문이다. 이제는 정치인들이 더 이상 방송사 저녁 메인 뉴스나 신문사 인터뷰만을 기다리지 않는다. 오전 라디오 시사 프로그램과 낮 시간대 TV 뉴스에 출연할 기회가 많아졌다. 여기에서는 하고 싶은 말을 더 많이 할 수 있고 뉴스의 전파 속도도 빠르다. 실제로 주요 정치인들은 라디오와 TV 토크 뉴스에 출연해 뉴스 가치가 높은 발언을 하면서 사회·정치적으로 이슈화되는 것을 노린다. 주요 발언들은 방송사 저녁 메인 뉴스에서 리포트로 다시 다뤄진다.

뉴스를 전달하는 과정에서 기자의 개입을 최소화한다는 것도 토크 뉴스의 특성이다. 출연자는 시청자와 직접 소통할 수 있고 앞뒤 맥락은 물론, 말의 뉘앙스까지 살려서 표현할 수 있다. 시청자 입장에서도 말의 맥락을 종합적으로 이해할 수 있다. 진행자가 시청자를 대신해서 송곳 질문을 해준다면 금상첨화다. 특히, 토크 뉴스는 말하는 사람이 누구냐에 따라 더 강력한 전달력을 발휘한다. 촌철살인 멘트와 해박한 지식, 풍부한 위트를 가진 진행자나 출연자의 말을 보고 듣노라면, 평소 정치 뉴스에 관심이 없던 사람들도 해당 이슈에 관심을 갖게 된다. 유명 배우가 출연하는 영화에 사람들이 더 많은 관심을 두는 것과 같은 이치다. 모든 배우가 유명 배우가 아닌 것처럼, 토크 뉴스를 잘하는 정치인이나 셀럽도 대체로 정해져 있다.

토크 뉴스는 OTT에서 강하다

보고 듣는 영상 뉴스

뉴스 생산과 소비에 있어 빼놓을 수 없는 것은 유튜브다. 요즘은 TV와 라디오에 편성된 대부분의 뉴스와 시사 프로그램들이 유튜브를 통해 동시에 스트리밍되고, 유튜브 동영상으로 만들어져 유통된다. 당연한 일처럼 보이지만, 수년 전만 해도 낯선 일이었다. 포털 사이트가 처음 등장했을 때처럼, 방송사들은 유튜브를 경쟁 매체로 인식해 유튜브에 콘텐츠를 제공하는 것에 소극적이었다. 아예 유튜브에 뉴스를 공급하지 말아야 한다고 주장한 사람들도 많았다. 지금은 다르다. 현재 우리나라 뉴스 소비에서 가장 주목해야 할 트렌드는 사람들이

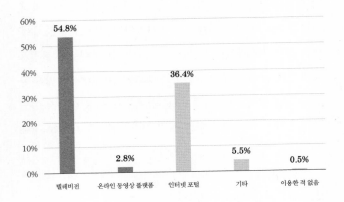

뉴스 및 시사 정보 주 이용 경로 (2020)

- 텔레비전: 54.8%
- 온라인 동영상 플랫폼: 2.8%
- 인터넷 포털: 36.4%
- 기타: 5.5%
- 이용한 적 없음: 0.5%

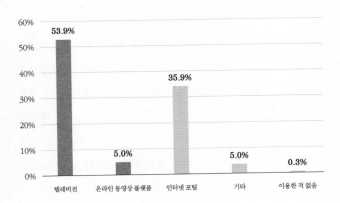

뉴스 및 시사 정보 주 이용 경로 (2021)

- 텔레비전: 53.9%
- 온라인 동영상 플랫폼: 5.0%
- 인터넷 포털: 35.9%
- 기타: 5.0%
- 이용한 적 없음: 0.3%

* 〈2021년 언론수용자 조사〉, 한국언론재단

'보고 듣는 영상 뉴스'를 점점 더 선호한다는 사실이다. 이러한 영상 콘텐츠를 소비하는 매체로서 유튜브와 같은 온라인 동영상 플랫폼(OTT·Over the Top)의 강세가 두드러지며 자연스레 뉴스는 유튜브와 결합하기 시작했다.

그렇다면 뉴스를 실제 OTT로 이용하는 사람은 얼마나 될까? 한국언론재단의 〈2021년 언론수용자 조사〉에 따르면, 우리나라 사람들이 뉴스를 접하는 주 경로는 영상 매체가 58.9퍼센트로 1위, 인터넷 포털이 35.9퍼센트로 2위였다. 영상 매체 중에서는 TV 비중이 크지만, OTT를 통해 뉴스를 주로 접한다는 비율이 1년 사이 2.8퍼센트에서 5퍼센트로 증가했다. 20~30대 젊은 층은 물론이고 60대 이상에서도 OTT 이용 비율이 크게 늘었다. OTT는 이미 신문이나 라디오보다 뉴스 소비의 핵심 매체가 됐다.

사람들이 영상 뉴스를 좋아하고, 그중에서도 유튜브를 통해 뉴스나 시사 정보를 얻는 추세는 시간이 갈수록 강해질 것이라는 게 전문가들의 대체적인 전망이다.

OTT가 미치고 있는 영향

사람들이 뭔가를 좋아하면 만드는 방식도 거기에 맞춰 변화한다. 유튜브가 사람들의 뉴스 소비에 큰 영향을 끼치면서, 뉴스 제작 방식과 뉴스 포맷 자체도 영향을 받고 있다. 유튜브가 뉴스 제작과 소비 전반에 걸쳐 미치고 있는 중요한 영향을 세 가지 꼽으라면 다음과 같다.

먼저 TV와 라디오, OTT라는 매체 간 경계가 사라졌다. 프로그램이나 뉴스 내용이 마음에 들면 매체가 무엇이든, 골라서 보고 들으면 된다. 다음으로 라이브 스트리밍을 통한 뉴스 소비가 일반화됐다. 라이브 뉴스를 보고 들으면서 '좋아요'를 누르거나 채팅창에서 의견을 주고 받는 인터랙티브interactive한 경험이 중요해졌다. 마지막으로 더 자극적이고, 더 재미있는 뉴스들이 경쟁적으로 양산되고 있다.

유튜브 같은 OTT가 만드는 이러한 변화들은 토크 뉴스가 급격히 성장하는 발판이 되고 있다. 시청자는 자신이 선호하는 진행자와 패널이 등장하는 재미있는 토크 뉴스 프로그램을 찾아서 골라 듣는다. TV, 라디오, 유튜브, 팟캐스트 등 매체는 상관이 없다. 원하는 뉴스를 매체에 상관없이 골라 듣는 시청 패턴에는 토크 뉴스가 딱 맞는다. 자신이 관심을 둔 분야의 유튜버 채널을 고르는 것과 같다. 유튜버가 재미있게 설명하고 믿을 만하다고 생각되면, 사람들은 그 콘텐츠에 계속 집중한다.

TV와 OTT의 경계 자체가 사라지고 있는 것은 우리나라뿐만 아니라 전 세계적인 추세다. 미국의 경우, TV 시청자 3명 가운데 2명은 지상파나 케이블 프로그램을 본다. 하지만

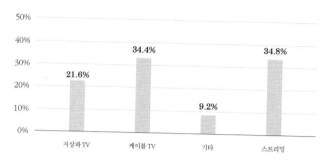

미국 스마트TV의 플랫폼별 시청 점유율(2022년 7월 기준)

* 닐슨

다른 1명은 TV로 넷플릭스와 유튜브 같은 OTT 스트리밍 콘텐츠를 감상하고 있다. 특히, 2022년 7월에는 OTT가 처음으로 케이블 TV마저 제치고 플랫폼별 시청 점유율 1위를 기록했다. 미국에서는 케이블 TV의 점유 비중이 늘 최고였기에 OTT 시청이 TV를 추월한 건 매우 이례적인 일이다. 미국에서도 TV 시청 패턴이 실시간 TV 방송에서 OTT 스트리밍 콘텐츠로 이동하는 추세가 점점 더 거세지고 있다.

토크 뉴스의 전달 방식, 즉 라이브 토크 형식은 유튜브 스트리밍에 최적화된 뉴스 포맷이다. 진행자와 패널의 대화를 듣다가, 즉각적으로 자신의 의견을 채팅창에 남길 수 있는 라이브 스트리밍의 특성은 시청자들에게 인터랙티브한 뉴스 소비를 가능하게 한다. 특정 토크 뉴스 프로그램이나 진행자에 대한 충성도 높은 팬덤이 만들어지는 요소가 되기도 한다.

라이브 스트리밍을 통해 가장 핫한 뉴스를 가공 없이 그대로 보고 있다는 사실은 사람들을 해당 뉴스에 집중하게 하는 요소이기도 하다. 이러한 라이브 스트리밍의 특성은 젊은 층의 뉴스 소비 패턴과 더 맞아떨어지는 측면이 있다. 젊은 층은 따분한 뉴스는 거들떠보지도 않는다. 토크 뉴스는 시청자 입장에서 가장 관심이 있는 이슈를 골라 진행자와 패널이 집중적으로 파헤치는 형태다. 때문에, 시청자는 자신이 원하는 뉴스 테마에 대해 깊고 다양한 정보를 얻을 수 있다. 찬반 의견이 갈리는 이슈라면 보수와 진보의 다양한 관점을 가감 없이 보고 들을 수 있다. 출연자나 다루는 이슈가 제대로 관심을 끈다면, 토크 뉴스의 길이는 길든 짧든 상관이 없다.

뉴스 제작자 입장에서는 비용이 많이 들고 정규 편성이 까다로운 TV 프로그램이 아니어도 라디오나 유튜브에서 얼마든지 재미있는 토크 뉴스 프로그램을 만들 수 있다는 게 큰 장점이다. 유튜브에서는 탁자와 마이크, 카메라 몇 대만 있어도 성공적인 토크 뉴스 생산이 가능하다. 시청자에게 어필하면서 말할 수 있는 사람만 있으면 된다.

지금까지 토크 뉴스가 이전에 흔히 볼 수 없던 뉴스 전달 형식이며, 새로운 뉴스 트렌드로 부상하고 있음을 사례들과 함께 짚어 봤다. 토크 뉴스는 OTT가 가져온 혁명적인 미디어 소비 패턴 변화의 산물이기도 하다. 다음 장에서는 본격적으로 토크 뉴스는 어떻게 시작됐고, 누가 어떻게 토크 뉴스를 만들고 있는지, 그리고 사람들이 좋아하는 토크 뉴스는 어떤 특성이 있는지 집중적으로 살펴보겠다.

토크 뉴스의 조건

토크 뉴스의 세 가지 맛

누구나 토크 뉴스를 만들 수 있지만, 모든 토크 뉴스가 관심을 받는 건 아니다. 성공적인 토크 뉴스에는 몇 가지 공통점이 있다. 먼저 '말맛'이 있다. 표준국어대사전에 따르면, 말맛은 "말소리나 말투의 차이에 따른 느낌과 맛"이라고 정의돼 있다. 토크 뉴스는 진행자와 패널의 대화가 핵심 경쟁력이다. 이들이 주고받는 대화에서 말맛이 느껴져야 사람들의 눈과 귀를 끌어당길 수 있다. 모든 것을 떠나 일단 재미가 있어야 한다는 뜻이다. 토크 뉴스가 지금처럼 인기를 끌고, 새로운 뉴스 포맷으로 부상하고 있는 가장 큰 이유이기도 하다.

예전부터 진행자와 패널이 나와서 대화를 나누는 프로그램들은 많았지만, 단순히 서로 번갈아 가며 한 마디씩 뉴스를 분석한다면 재미가 없다. 패널 선정이나 프로그램 구성부터 재미가 없으면, 찾아서 보는 사람이 적고, 보는 사람이 적으면 유력 정치인이나 뉴스메이커들도 선뜻 출연하기를 꺼린다. 이와는 반대로, 말맛이 있는 진행자와 패널을 확보한다면, 그 토크 뉴스는 성공할 가능성이 매우 높다. 토크 뉴스 프로그램은 많아도 출연하는 사람들은 대체로 비슷한데, 말맛이 있는 코멘테이터commentator를 찾는 것이 그만큼 어렵기 때문이다.

예를 들어 박지원 전 국정원장은 정치 토크 뉴스의 단

골손님이다. 한 언론사 집계에 따르면, 그는 2022년 7월 한 달에만 TV와 라디오, 유튜브 등에 약 50회나 출연했다.[3] 2022년 기준으로 82세의 고령이고, 7월 중순에 낙상 사고를 당해 발목이 골절되는 부상을 당했음에도 출연 분량이 많다. 40년 가까이 국회의원, 대통령비서실장, 장관, 국가정보원장에 심지어 수감 생활까지 경험했으니 정보와 뉴스가 풍부하고, 이를 풀어내는 말솜씨가 탁월하다. 다음은 MBC 라디오 〈김종배의 시선집중〉 2022년 10월 12일 방송분에서 발췌한 박지원 전 국가정보원장의 발언이다.

진행자 : 어제 감사원에 대한 국회 국정 감사가 있었는데 지켜보셨습니까?

박지원 : 참 웃기더라고요. 사무총장이 답변 거부하겠다고, 할 필요가 없다고 어떻게 그런 태도가 나와요?

진행자 : 왜 그런다고 생각하세요?

박지원 : 그건 실세니까 그러겠죠. 정부 내에 실세는 한동훈 법무부 장관이고 그러니까 그렇게 법사위에서 큰소리 빵빵 치잖아요. 또 감사원의 한동훈은 유병호 사무총장 아니에요.

…중략…

진행자 : 근데 그 문자 파동이 있었잖아요. 그 성격을 어떻게 보세요?

박지원 : 감사원 실세 사무총장이 대통령실 왕수석한테 그런 문자를 보낸 것은 그건 대통령한테 보고한 거예요.

진행자 : 아, 대통령에 대한 보고라고 보세요?

박지원 : 제가 어떻게 됐든 김대중 정부가 5년간 그러한 일을 해봤잖아요. 선수 앞에서는 얘기하는 게 아닙니다. 우리는 다 해봤어요.

진행자 : 유병호 총장은 어제 국회 답변에서 대통령실과 소통이 안 돼서 답답하다 창구가 없어서, 오히려 이렇게 얘기하던데요.

박지원 : 그건 쇼죠. 법사위에 제가 있었으면 그대로 안 있죠.

다음으로, '시원한 맛'이 있다. 뉴스는 넘쳐나지만, 사람들이 진짜 궁금해하는 당일의 이슈는 몇 가지 안 된다. 시청자들이 궁금해하는 이슈를 정하고, 그 이슈에 대해 진행자와 패널이 빙빙 돌리지 않고 직접적이고 시원하게 이야기할 때, 반응은 폭발적이다. 토크 뉴스 역시 기본은 뉴스다. 사람들이 토크 뉴스를 보는 궁극적인 목적 역시 대화 속에 담겨 있는 뉴스 정보를 쉽고 재미있게 얻는 것이다. 단순히 재미만 있다면 연예 토크 쇼와 다를 바 없다. 다루는 이슈에 대해 진행자가 정곡을 찌르는 질문을 하고, 패널이 충분한 배경 지식과 자신의 관점을 바탕으로 시원시원하게 답변할 때 듣고 보는 즐거움이 생긴다. 물론 진행자와 패널이 시원하게 말을 하다 보면, 실언을 하기도 한다. 하지만 아이러니하게도 실언 자체가 또 다른 뉴스가 된다.

뉴스는 전통적으로 객관성이 핵심 요소로 꼽힌다. 스웨덴의 정치 학자인 요르겐 웨스터슈탈Jörgen Westerståhl은 객관성에 필요한 요소들로, 진실성, 관련성, 균형성, 중립성을 강조하고 있다. 진행자나 패널이 중립 지대를 벗어나 관점을 명확히 드러낼수록 객관성과 서로 충돌하게 된다. 뉴스에서 시원한 맛을 살리는 것은 편향된 발언이 될 수 있고, 뉴스에 기대되는 객관성의 요소들과 배치될 수 있다. 때문에 규제가 많은 지상파 TV 프로그램은 토크 뉴스에서 조심스러울 수밖에 없다. 반대로 라디오와 유튜브, 팟캐스트는 자유롭다. 뉴스의 객관성은 여전히 중요한 덕목이지만, 기계적 중립을 깨는 것을 사람들이 더 많이 용인하는 것 또한 현실의 트렌드다.

마지막으로 '뜨거운 맛'이 있다. 유튜브에서 높은 조회수를 기록하는 정치 토론 동영상에서 자주 볼 수 있는 모습은 보수와 진보 패널이 민감한 주제를 놓고 뜨거운 논쟁을 벌이는 장면이다. 뜨거운 논쟁은 토크 뉴스와 떼려야 뗄 수 없다. 패널들이 논쟁을 즐기는 성향인 경우도 있고, 다루는 주제가 열변을 토할 만큼 민감하기 때문이기도 하다. 몇 년 사이 토크 뉴스 형식의 정치 토론 동영상들이 유튜브에서 큰 인기를 얻은 배경은 2020년 총선과 2022년 대선을 거치면서, 보수와 진보 세력이 정치적으로 크게 충돌했기 때문이다. 조국 전 법무부 장관을 둘러싼 논쟁, 부동산 폭등, 남녀 간 젠더 이슈, 초접전의 대선 레이스에 이르기까지 보수와 진보 세력이 격하게 논쟁을 벌일 때마다 정치 토론 동영상들은 쑥쑥 커나갔다. 이는 최근 뉴스 시청자들의 확증편향確證偏向이 강해지는 것과도 관련이 있다. 확증편향이란 자신의 신념이나 가치관과 부합하는 정보들만을 받아들이는 경향을 뜻한다. 자신의 신념이나 가치관에 부합하는 뉴스 정보를 제공하고 해석해 주는 토크 뉴스와 패널에 대한 인기가 높아진 이유다.

뜨거운 토론은 말과 행동이 다소 과격해지는 경우로도 이어진다. 여야 대선 경선이 한창이던 2021년 10월, MBC 라디오 프로그램 〈정치인싸〉에서 원희룡 당시 국민의힘 대선 후보와 당시 민주당 이재명 후보 캠프 대변인을 지낸 현근택 변호사가 거친 말싸움을 벌이다가 방송 중에 둘 다 자리를 떠나는 일이 있었다.[4] 이 일은 언론을 통해 뉴스로 재생산됐고, 〈정치인싸〉 해당 동영상의 조회 수는 평소의 두 배가 넘는 58만 회를 기록했다.

최고의 토크 뉴스 ; 홍준표 vs 유시민 100분 토론

성공한 토크 뉴스의 조건으로는 이렇게 세 가지 맛이 필요하다. 그리고 이 세 가지 맛은 프로그램 기획 단계에서부터 진행자와 패널의 선정, 뉴스 주제 선정 등 전반에 걸쳐 영향을 준다. 그렇다면 최고의 토크 뉴스 이벤트로는 무엇을 꼽을 수 있을까? 2019년 10월 22일 방송된 MBC 〈100분 토론〉 20주년 특집 생방송 '공정과 개혁을 말한다' 편이라 하겠다. 당시는 조국 전 법무부 장관을 둘러싼 공정성 논쟁과 검찰 개혁 찬반 이슈로 온 나라가 진보와 보수, 두 쪽으로 갈라진 시기였다. 보수에서는 홍준표 전 자유한국당 대표, 진보에서는 유시민 당시 노무현재단 이사장이 출연해 이른바 '일대일 맞짱 토론'을 펼쳤다. 진행은 100분 토론 사회자인 김지윤 정치학 박사가 맡았다. 홍준표, 유시민 두 사람은 당대의 논객이자 정치적으로도 영향력이 매우 큰 이슈메이커다. 두 패널은 가장 민감

홍준표 전 대표, 유시민 이사장이 패널로 출연한 모습 ⓒMBC 유튜브

한 현안을 앞에 두고 때론 시원하게 자기 주장을 하고, 때론
뜨겁게 각자의 진영을 대표하며 격렬한 논쟁을 펼쳤다.[5] 주요
발언들은 실시간으로 기사가 돼 포털 사이트에 속보로 보도
되면서 이목을 집중시켰다.

　　TV 프라임타임에 편성된 1부와 2부, 그리고 정규 방송
이 끝난 뒤 유튜브 장외 토론까지 합쳐 총 2시간 30분 동안
진행된 정치 토크 뉴스 이벤트의 시청률은 1부는 6.6퍼센트,
2부는 9.6퍼센트(닐슨코리아, 전국 가구 기준)를 기록했다. 같은
시간대 KBS2에서 방송된 한국시리즈 1차전 경기가 7.6퍼센
트였던 점을 감안하면, 이른바 '시청률 대박'을 쳤다고 할 수
있다. TV 방송이 끝난 뒤에는 유튜브 장외 토론을 이어갔다.
무려 18만 명이 실시간 동시 접속해 두 사람의 토론을 지켜봤
다. 방송 후 100분 토론 유튜브 공식 계정에 업로드된 유튜브

영상들은 현재까지 1700만 회가 넘는 조회 수를 기록하고 있다. 이러한 높은 시청률과 화제성의 배경에는 토크 뉴스로서 시원한 맛과 뜨거운 맛, 그리고 시종일관 재치와 유머가 넘치는 두 패널의 강력한 말맛이 있었다.

　　토크 뉴스의 말맛은 프로그램 전체의 재미와 곧장 연결된다. 정치적 이슈에 대한 상대의 논리적 허점을 말의 칼날로 확실하게 찌르면서도, 주고받는 '티키타카' 토크 속에는 재미가 넘쳐났다. '홍준표vs유시민' 토론을 기획하는 과정에서, 필자는 두 논객으로부터 허심탄회한 이야기를 들을 수 있었다. 이때 느낀 것은 두 논객이 발 딛고 있는 정치 진영과 생각은 서로 많이 다르지만 그럼에도 상호 존중하고 있다는 것, 그리고 어떤 민감한 주제라도 툭 터놓고 이야기할 수 있는 두둑한 배짱이 있다는 것이었다. 사석에서 가감 없이 듣는 두 논객의 말들은 한층 더 재미있었는데, 이는 TV 정규 방송이 끝난 뒤 유튜브 장외 토론을 추가로 기획하게 된 배경이기도 했다. 실시간 라이브를 지켜본 시청자들의 유튜브 댓글을 몇 개 소개하면 이렇다.

　　"날 선 눈빛과 적대심으로 무거웠던 토론이 이렇게 가벼운 마음으로 알차고 유익한 토론으로 바뀔 수도 있다는 게 대단합니다. 상대에 대한 존중을 바탕으로 논리 없는 극편향적 우기기가 거의 없다보니 이런 토론도 될 수 있구나 싶네요"

"이렇게 토론 하는 것 보기 좋다. 여유도, 웃음도 가지면서"

"하려던 일 제쳐두고 계속 볼 수 밖에 없을 정도로 재밌었다"

"서로 비방, 정치적 수싸움 이런 언플만 보다가 서로 면전에
서 각자 의견의 차이를 알아가면서 서로에 대한 이해의 길로
갈 수 있다는 점이 좋다. 오늘 100분 토론 웃긴 상황이 많이
나오긴 했는데 정치 공방 이런 것만 보다보니 뭔가 치유받는
기분이었다"

사람들이 가장 보고 싶어 하는 토크 뉴스란 바로 이런
것이다. TV든 유튜브든 편한 매체를 통해 실시간으로 뉴스
정보와 뉴스에 대한 관점 있는 해석을 마음껏 들을 수 있고,
이 모든 과정이 재미있어야 한다. 매일 뉴스와 말의 잔치가 쏟
아지니 재미가 없는 것은 선택받기가 힘들다. 토론 후기 및 시
청자의 반응에서 읽을 수 있는 또 하나의 중요한 요소는 화합
에의 열망이다. 사람들은 자신의 정치적 신념과 일맥상통하
는 주장을 듣고 싶어 하지만, 그렇다고 맹목적인 싸움만을 원
하지는 않는다. 시청자들이 원하는 것이 서로 다른 패널들의

토크를 통한 정치의 발전과 치유라는 점은 토크 뉴스 제작자와 진행자, 패널들이 곱씹어 볼 대목이다.

토크 뉴스의 스타들 ; 손석희, 김어준, 김현정

손석희

토크 뉴스가 대중적 영향력을 행사하고 발전해 온 과정에 가장 중요한 인물은 손석희 전 JTBC 총괄 사장이다. 손 전 사장은 〈JTBC 뉴스룸〉 앵커 시절은 물론이고, MBC 재직 중에는 〈100분 토론〉과 〈손석희의 시선집중〉 앵커를 맡아 굵직한 인터뷰를 수없이 진행했다. 그는 《시사저널》이 뽑은 영향력 있는 언론인 조사에서 2022년 기준으로 17년째 1위를 하고 있는데, 그의 영향력은 말과 토론, 그리고 뉴스메이커와의 인터뷰에서 나온다. 그 스스로도 토론과 인터뷰를 즐긴다고 말할 정도다. 그는 수많은 이슈 가운데서 가장 궁금한 것, 꼭 알아야 할 것을 집중적으로 파고들어, 보고 듣는 시청자에게 재미와 함께 뉴스를 제공해 왔다.

> "사실 궁금한 것을 물어보려면, 우선 궁금해야 하고, 시간과 상황이라는 조건에 되도록 구애받지 않고 물어봐야 하는 거다. 그런데 방송이든 신문이든 워낙 제약 조건이 많으니 늘 한

계가 있다. 다만 제한된 시공간을 굳이 다루지 않아도 될 문제들에 대부분 할애한다면 반성해야 할 텐데, 언론들이 시청률이나 포털 조회 수에 매달리다 보니 점점 그리되는 것 같다. 정책을 다루면 재미없다 생각하고. 내가 과거 인터뷰했던 알랭 드 보통이 한 말이기도 한데, 그러니 지금 우리가 고민해야 할 것은 재미없는 걸 어떻게 하면 재미있게 만드느냐일 게다. 난 그 방법론을 인터뷰와 토론으로 택했던 것이다."

《한겨레》와의 인터뷰[6]에서 손석희 전 사장이 한 말이다. 궁금한 것을 물어보려면 시간 제약이 없어야 하고, 재미는 없지만 다뤄야 할 중요한 뉴스들을 재미있게 말로 풀어내려고 노력했다는 의미다. 이는 곧 토크 뉴스의 핵심 요소이다. 기자는 대중적 관심이 있는 사안을 보도할 때, 그 사건에 가장 밀접하게 연관돼 있거나 핵심 키key를 쥐고 있는 당사자를 직접 인터뷰하길 원한다. 이런저런 분석과 해석, 요약과 정리도 좋지만, 당사자 입에서 나오는 말보다 따끈따끈한 뉴스는 없다. 이슈와 밀접하게 관련된 당사자의 말은 지루하지 않으며 대중의 눈과 귀를 즉각적으로 사로잡는다. 그러나 앵커나 기자가 뉴스메이커를 단독으로 만나기는 쉽지 않고, 만난다고 해도 충분한 답변을 끌어내기도 어렵다. 요즘은 라이브 기자회견장에서 기자가 뻔한 이야기를 물어보면, 시청자들이 게 시판 댓글로 "아까운 시간을 낭비하지 말라"고 아우성친다. 앵커와 기자의 전문적 역량이 그만큼 중요해졌다.

손석희 전 사장이 진행했던 MBC 시사 라디오 〈손석희의 시선집중〉은 국내 데일리 토크 뉴스의 표준이자 원조라고 할 만하다. 손 전 사장은 〈시선집중〉을 2000년부터 2013년까지 진행했다. 라디오 시사 프로그램은 말로써 승부를 본다. 제작진은 매일매일 핫 이슈를 선정하고, 해당 이슈에 맞는 출연자interviewee를 섭외해 진행자와 대화를 하면서 뉴스를 생산한다. 〈손석희의 시선집중〉은 때로는 현안을 파고들고, 때론 출연자와 치열하게 논쟁하면서 화제를 불러일으켰다. 정치인뿐만 아니라, 가수, 배우, 영화감독, 스포츠 스타, 문인 등 다양한 분야의 사람들과 수시로 인터뷰가 이뤄졌다.

손석희 전 사장이 〈시선집중〉에서 날카로운 말로써 핵심을 시원하게 파고들고 출연자와 뜨겁게 토론하는 것은 듣는 재미가 있었다. 손 전 사장은 정치인 출연자는 물론이고, MBC와 JTBC 기자에게 사전에 약속되지 않은 직설적인 질문을 불쑥 던지는 것으로 유명했다. 출연자와 기자는 진땀을 빼지만 라이브 토크가 주는 생동감은 극대화된다. 단순한 재미에 그치는 것이 아니다. 뉴스메이커의 중요한 발언들은 신문과 방송, 인터넷 등을 다양한 매체를 통해 뉴스로 재생산됐다. 당시 일반 대중과 언론인, 정치인 등 많은 사람들이 매일 아침

(좌) 〈JTBC 뉴스룸〉에 가수 양준일이 출연해 인터뷰하는 모습
ⓒJTBC 유튜브
(우) 〈김종배의 시선집중〉에 손석희 전 앵커가 출연해 인터뷰하는
모습 ⓒMBC

〈손석희의 시선집중〉을 통해 뉴스를 접했기 때문에 사회적 영향력이 매우 컸다. 〈손석희의 시선집중〉이 출연자와의 직접적인 대화를 통해 뉴스를 전달하고 분석한 방식은 당시 TV 뉴스에서는 하기 힘든 독특한 방식이었다. 〈손석희의 시선집중〉부터 '라디오 저널리즘'이 시작됐다고 평가될 수 있는 이유인데[7], 이후에 라디오뿐만 아니라 TV 뉴스에 끼친 영향이 크다.

　　〈손석희의 시선집중〉이 만들어 낸 토크 뉴스 DNA는 이후에 손석희 당시 사장이 2013년 진행한 〈JTBC 뉴스룸〉에 이식됐다. 당시 손 사장은 '한 걸음 더 들어간 뉴스'를 내걸었다. 지상파 저녁 메인 뉴스들이 짧은 기자 리포트를 백화점식으로 나열하던 방식을 버리는 대신에, 당사자나 전문가와의 라이브 인터뷰, 기자 라이브 출연 등을 대폭 늘렸다.[8] 이런 뉴스 전달 방식의 변화들은 〈JTBC 뉴스룸〉의 성공 이후 많은 방송 뉴스에서 보편화됐다.

김어준과 김현정

〈손석희의 시선집중〉이 만든 라디오 저널리즘의 핵심 포맷이 토크 뉴스라면, 〈손석희의 시선집중〉 이후에는 CBS 〈김현정의 뉴스 쇼〉와 TBS 〈김어준의 뉴스공장〉 등이 이를 이어받아 토크 뉴스를 발전시키고 있다. 웬만한 유력 정치인이나 뉴스 메이커는 이들 프로에 출연하지 않은 경우가 드물다. 특히 〈김현정의 뉴스 쇼〉, 〈김어준의 뉴스공장〉 등은 출연자 인터뷰가 끝나면 인터뷰 전문을 담은 대화 실시간 속기록을 홈페이지에 올리는데, 정치부 기자들이 이를 매우 좋아한다. 속기록이 없으면 일일이 발언 내용을 다시 정리해야 하는 수고로움이 있기 때문이다. 필자도 국회를 취재하는 정치부 정당팀 말진 末陣 기자 시절에 정치인의 발언을 인용하고자 〈김현정의 뉴스 쇼〉 인터뷰 스크립트 덕을 많이 봤다. 당시만 해도 모든 라디오 프로그램이 스크립트를 제공하지는 않았다. 실시간 속기록은 진행자와 출연자의 대화가 기사로 쉽고 빠르게 재생산될 수 있게 한 라디오 프로그램 제작진의 서비스이자 전략적 장치다.

　　실제로 정치인들이 오전에 데일리 시사 라디오 프로그램에 출연해 인터뷰를 하고 이슈에 대한 입장을 밝히면, 이는 각 언론사 정치부 기자들의 손을 거쳐 발 빠르게 온라인 뉴스로 만들어진다. 중요한 발언들은 신문 지면이나 방송사 저녁 리포트에까지 인용된다. 아침에 온라인 뉴스들을 잘 살펴보면, A 정치인이 라디오에 출연해 무슨 말을 어떻게 했다는 기사들이 넘쳐난다. 기자들은 핵심 발언만 인용 부호로 소개하기도 하고, 전날까지 보도된 뉴스를 감안해 새로운 발언에 담긴 맥락을 분석하는 기사를 쓰기도 한다. 사실 정치는 말의 향연이고, 정치인의 말이 없으면 정치 뉴스도 없다. 때문에 매일 아침 라디오 토크 뉴스들은 정치 뉴스를 여는 출발점이자 중요한 뉴스 소스가 되고 있다.

〈김현정의 뉴스 쇼〉와 〈김어준의 뉴스공장〉의 주간 코너들을 살펴보면, 공통점이 있다. 정치인들이 거의 매일 출연한다는 것과 여야 논객의 고정 토론 코너가 있다는 것이다. 일일 출연자들의 면면을 보면 정치인의 비중이 더 크다. 주요 정치인들의 출연이 잦다는 것은 그만큼 뉴스 영역에서 이 프로그램들의 영향력이 커진다는 것을 의미한다.

여야 패널이 출연하는 고정 코너는 최근 다른 시사 라디오 프로그램에도 보편화된 프로그램 구성 방식이다. 여야 패널 혹은 특정 정치인의 고정 코너를 두는 이유는 매일매일 최적의 해설가를 섭외하기 어려운 제작 현실을 고려한 것이다. 고정 코너를 두면 데일리 정치 이슈를 토크를 통해 실시간

(좌)〈김현정의 뉴스 쇼〉 방송 코너(2022년 11월 기준)
ⓒCBS 홈페이지
(우)〈김어준의 뉴스공장〉 방송 코너(2022년 11월 기준)
ⓒTBS 홈페이지

으로 소화하기 쉽고, 시간이 지날수록 출연자의 말맛을 기대할 수 있다. 사람들은 라디오 토크 뉴스들에서 재미와 정보, 그리고 뉴스 해석의 관점을 원하기 때문에, 대중에게 이름이 알려져 있거나 말을 잘하는 정치인을 고정 출연자로 두는 것이 청취율이나 뉴스 영향력 측면에서도 유리하다. 대부분 핫이슈들은 여야의 관점이 엇갈리는 사안들이어서, 사람들은 양쪽 이야기를 모두 들을 수 있고, 여야 패널들이 때로 격하게 논쟁하는 모습도 지켜볼 수 있다.

최근 라디오들은 유튜브로 동시에 생방송하고 있어 라

디오는 듣는 동시에 시청이 가능한 매체다. 이러한 변화는 정치인이나 뉴스메이커 입장에서 라디오 출연을 좀 더 선호할 수 있는 요소가 된다. 라디오 토크 뉴스들의 영향력이 갈수록 커지고 있음을 알 수 있는 사례는 선거철이다. 대선이나 총선은 물론이고, 각 정당의 당 대표 경선과 원내 대표 경선 등 크고 작은 선거철이 되면 라디오 토크 뉴스는 정치인들이 쏟아내는 말잔치로 분주해진다. 진행자들은 직접 논쟁에 뛰어들거나 여야 패널 간의 논쟁을 유도하면서 화제를 만들어 낸다.

가장 논쟁적인 토크 뉴스는 TBS 〈김어준의 뉴스공장〉이다. 진행자 김어준은 논쟁을 즐기고, 거침없는 발언으로 큰 인기를 끌었다. 〈김어준의 뉴스공장〉은 한국리서치가 실시하는 수도권 라디오 청취율 조사에서 청취율 약 14퍼센트로 수년째 1위를 차지했다.[9] 그러나 보수 진영으로부터는 '좌편향', '편파 방송'이라는 비판과 함께 프로그램 폐지 압력을 받았다. 서울시의회의 다수당인 국민의힘 서울시 의원들은 높은 시청률 비결을 "막장 드라마"에 비유했고[10] 결국 김어준씨는 프로그램에서 하차했다.

〈김어준의 뉴스공장〉은 〈손석희의 시선집중〉이나 〈김현정의 뉴스 쇼〉와 비교하면, 분명 좀 더 리버럴하다. 진행자 김어준은 〈딴지일보〉, 〈나꼼수〉, 〈다스뵈이다〉 등 팟캐스트와 유튜브에 기반한 방송 진행을 통해 팬덤fandom을 형성해 왔다.

뉴스를 다루는 화법이 기성 언론에서는 볼 수 없는 형태인데, 직설적이고, 논쟁적이다. 이러한 정치적 공방을 논외로 하면, 〈김어준의 뉴스공장〉은 성공한 토크 뉴스의 조건을 두루 갖추고 있다.

먼저, 〈김어준의 뉴스공장〉을 좋아하는 사람들은 매일 아침 출근길에 토크 뉴스가 주는 세 가지 맛을 모두 느낄 수 있다. 첫째로 진행자 김어준이 시원시원한 말로 뉴스를 다루는 것은 정제된 TV 리포트나 신문 기사보다 더 재미가 있다. 여야가 충돌하는 방송통신심의위에서 〈김어준의 뉴스공장〉의 발언 내용과 법정 제재 여부는 늘 뜨거운 감자였다. 둘째로 유력 정치인과 셀럽 등 뉴스메이커들이 자주 출연했다. 화제가 되는 뉴스가 많이 쏟아지니 뉴스의 생산과 화제성이 높을 수밖에 없다. 뉴스 정보의 선순환이 이뤄진다.

셋째로 뉴스에 대한 명확한 관점을 드러내고 있다. 신문과 방송의 시사 프로그램들은 대부분 뉴스를 다룰 때 중립성을 중시한다. 중립이라는 것은 명확히 측정할 수는 없지만, 뉴스 아이템의 배치, 보수·진보 출연자 비율 같은 기계적인 요소들도 있고, 앵커의 멘트 수위 조절과 같은 요소들도 있다. 방송사의 중립성을 놓고 국회 국정 감사에서 시비가 많이 걸리는데, 여야가 바뀌면 정치권이 주장하는 말들도 서로 바뀌는 경우가 많다. 어떤 측면에서는 중립성이라는 것이 마치

'귀에 걸면 귀걸이, 코에 걸면 코걸이' 식이기도 하다.

중립성은 편향성과 반대되는 말인데, 뉴스에서 두 가지를 적절히 조절하는 것은 상당한 전문성이 필요하다. 방송 리포트라면 기사 내용과 함께 영상 편집을 고려해야 하고, 신문 기사라면 단어의 선정과 뉘앙스 등을 고민해야 한다. 뉴스에서 중립성을 많이 고려하면, 비판을 피하기는 쉽지만 무엇이 옳고 그른지에 대한 관점이 흐려질 수가 있다. 반대로 관점을 많이 반영하면, 한쪽의 주장만을 편드는 문제가 발생한다. 진행자나 출연자가 뉴스에 대한 관점을 드러내는 것은 토크 뉴스에서 많이 볼 수 있다. 하고 싶은 이야기를 충분히, 자신만의 말투와 언어, 뉘앙스로 표현할 수 있기 때문이다.

〈김어준의 뉴스공장〉은 뉴스에 대한 관점을 중시하고, 이를 진행자 혹은 출연자의 말로써 시원하게 풀어냈다. 지금, 사람들이 원하는 뉴스 트렌드다. 제작진도 이를 잘 알고 있다. 〈김어준의 뉴스공장〉의 양승창 PD는 2021년 한국언론학회의 학술세미나에 참석해 "관점 미디어가 '주목 받고 있는 트렌드'라고 들었다. 뉴스공장은 관점 미디어의 선두 주자가 아닌가 생각한다"고 주장했다. 그러나 열광적인 청취자들에게 '우리 편'의 이야기를 전해주는 큰 스피커 기능을 하고 있다는 비판도 만만치 않다.[11] 찬반 논란이 많지만 한 가지 확실한 것은 지금 우리나라 사람들은 자신과 같은 관점을 가진 뉴스를 원한다는 것이다.

언론진흥재단과 로이터저널리즘연구소가 조사한 〈디지털 뉴스 리포트 2020 한국〉에 따르면, 우리나라 응답자의 44퍼센트는 자신과 관점이 같은 뉴스를 '선호한다'고 응답했다. 40개 나라 평균치가 28퍼센트인 것을 감안하면 매우 높은 수치다. 반대로 자신과 반대되는 관점의 뉴스를 '선호한다'는 사람은 4퍼센트에 그쳤다. 우리나라의 뉴스 소비자들이 다른 나라와 비교할 때 무척 양극화된 뉴스 소비 패턴을 가지고 있는 것이다.[12]

마지막으로, 〈김어준의 뉴스공장〉은 진행자와 프로그램을 브랜딩[13]하고 충성스러운 뉴스 소비자들을 모으는 데 성공했다. 원래 브랜딩은 마케팅 용어다. 제조자를 구별할 수 있는 이름, 용어, 사인, 심볼 등 브랜드를 통해서 특정한 이미지와 느낌, 그리고 정체성 등을 불어넣는 과정을 의미한다. 〈김어준의 뉴스공장〉에서 진행자 김어준은 '공장장'으로 불린다. 코너들은 스포츠 공장, 영화 공장, 패션 공장, 문화 공장 등으로 이름을 달고 있다. 주요 패널들에는 전문성과 아이덴티티에 맞는 별명이 부여된다. '황야의 우나이퍼', '정치구단주' 같은 식이다. 〈김어준의 뉴스공장〉의 이러한 브랜딩 전략은 프로그램의 재미와 흥미를 높여 줬고, 야구팀에 열성 팬이 생기듯이 팬덤을 만드는 데도 한몫했다.

TV에 심어진 토크 뉴스 DNA

10여 년 전만 해도 TV 뉴스라고 하면, 지상파 3사의 저녁 메인 뉴스를 의미했다. 아침 뉴스, 정오 뉴스, 마감 뉴스도 있지만, 매일매일의 중요하고 새로운 뉴스를 전하는 건 대체로 저녁 메인 뉴스였다. 지금도 지상파의 저녁 메인 뉴스는 가장 완성도가 높은 핵심 정보들로 가득 차 있다. 그러나 지난 10여 년 동안 가장 큰 변화는 TV에서 낮 시간 토크 뉴스들이 넘쳐나고 있다는 점이다. 낮 시간대 뉴스들은 전통적 방식의 기자 리포트보다는 진행자와 출연자의 인터뷰 또는 여야 패널들 간의 토론을 통해 뉴스를 전하고 있다.

쉽게 말해, 라디오 토크 뉴스에서 볼 수 있던 뉴스 형식이 TV로 옮겨진 것이다. 저녁 메인 뉴스와 차별화하는 방식이기도 하고, 앞 장에서 설명한 대로 시청자들이 '팩트 플러스'를 원하기 때문이기도 하다. 물론 이전에도 라이브 인터뷰와 토론을 TV 뉴스에서 볼 수 있었다. 하지만 요즘처럼 매일매일 1시간이 넘게 편성되는 뉴스 프로그램은 아니었다. 지상파와 종편의 주간 편성표를 보면, 낮 시간에는 토크 뉴스들이 집중적으로 편성돼 있다.

낮 시간 TV 뉴스에는 우리나라 뉴스의 아이러니한 역사가 담겨 있다. 낮 시간 TV 뉴스들은 2011년 말 종합 편성 채널이 등장할 때 본격적으로 시작됐다. 출연자들의 토크를

시간대별 낮 시간 뉴스 편성 현황(2022년 11월 기준)

	지상파	종합 편성 채널
13:00		TV조선 〈보도본부 핫라인〉
14:00	MBC 〈뉴스외전〉 SBS 〈주영진의 뉴스브리핑〉	TV조선 〈사건파일 24〉
15:00		MBN 〈프레스룸〉
16:00	KBS 〈사사건건(事事件件)〉	MBN 〈뉴스파이터〉
17:00		TV조선 〈시사쇼 이것이 정치다〉 JTBC 〈정치부 회의〉 채널A 〈뉴스TOP10〉
18:00		JTBC 〈사건반장〉 MBN 〈뉴스와이드〉

중심으로 한 낮 시간 뉴스 대담 프로그램은 그동안 지상파 뉴스에서는 잘 다루지 않던 분야였다. 낮 시간에 뉴스를 하더라도, 정오 뉴스나 5시 뉴스처럼 주로 기자 리포트를 통해 중요한 뉴스를 짧게 전하는 경우가 일반적이었다. 이때만 해도 지상파 TV의 저널리즘은 탐사 보도 형식의 시사 프로그램이나 기자의 취재를 통해 정치 정보를 전달하는 것으로 받아들여졌기 때문이다.[14] 특히나 정치 뉴스 분야는 뉴스를 보도하고

해석하는 것은 기자의 영역이고, 정치인 등은 기자의 취재원이자 뉴스를 제공하는 정보원으로 여겨졌다. 인터뷰 편집이나 발언 왜곡 논란이 발생하는 지점이기도 하다.

그러나 종편은 데일리 시사 대담 프로그램에 전직 정치인, 정치 평론가, 시사 평론가 등을 주요 패널로 적극 출연시켰다. 기자의 취재 대신에 평론가들의 직접적인 분석과 시선으로 뉴스를 시청자들에게 전달하기 시작했다. 이러한 종편의 뉴스 형식은 막말이나 출연자 및 발언의 편향성 등 논란을 일으키면서 '종편 저널리즘' 또는 '페니 프레스penny press의 텔레비전화'라는 비판을 받았다.[15] 페니 프레스는 1센트짜리 신문이라는 뜻으로, 미국에서 19세기 초 대중 미디어가 발전하기 시작하면서 대량으로 생산됐던 신문들이다. 당시 가십과 선정적인 기사를 실어 인기를 끌었다. 시사 대담 프로그램들은 비판을 받았지만, 역설적으로 뉴스 매체로서 종편의 영향력을 키우는 계기가 됐다. 지상파가 뉴스를 잘 다루지 않던 낮 시간대에 집중적으로 뉴스를 배치하고, 정치인이나 평론가들을 출연시켜 마음껏 뉴스를 해석하고 말하는 공간이 열린 것이다. TV조선과 채널A는 각각 보수 신문 매체인 《조선일보》, 《동아일보》에서 출발한 만큼 정치적으로 보수적 성향을 띠고 있다. 이들은 보수 성향 정치인과 평론가를 중심으로 보수 성향 시청층을 공략하는 전략을 취했는데, 시사 대담 프로그램은 이에 적절한 뉴스 포맷이었다.

전쟁이나 스포츠 경기에서 그러하듯 저널리즘 영역에서도 물량 공세는 매우 효과적인 결과물을 만들어 냈다. 현재 시사 대담 프로그램 혹은 시사 토크 쇼들은 종편이 만들어 낸 대표적인 프로그램 형식이자 상품이고, 독특한 종편 저널리즘을 형성[16]하고 있다. 시사 대담 프로그램, 시사 토크 쇼 등 용어가 다르지만 이는 결국 큰 틀에서 토크 뉴스로 분류할 수 있다. 종편의 낮 시간대 토크 뉴스가 자리를 잡으면서, 이제는 지상파에서도 모두 낮 시간대 토크 뉴스를 편성해 서로 경쟁하고 있다.

지상파가 낮 시간 TV 토크 뉴스를 신설하기 이전에는 정치인들은 지상파 뉴스에서 리포트에 인용되는 20초가량의 인터뷰에 주로 등장했다. 또는 비정기적으로 토론 프로그램 혹은 심층 인터뷰에 출연하는 데 그쳤다. 지금은 지상파들도 적극적으로 정치인과 유력 인사를 섭외해 장시간에 걸쳐 출연시키고, 뉴스를 만들어 내려고 노력한다. 정치인이나 정부 관계자, 또는 셀럽들 역시 메인 저녁 뉴스가 시청률이나 집중도는 높지만, 낮 시간 토크 뉴스에 출연하면 더 많은 시간에 걸쳐서 하고 싶은 이야기를 마음껏 할 수 있다는 것에 매력을 느낀다.

낮 시간 TV 토크 뉴스의 경우 프로그램의 형식이나 출연진 구성 등도 과거 대비 발전하고 있다. 초기 종편의 프로그램들은 기자들이나 정치 평론가와 시사 평론가 몇몇에 한정됐다. 현재의 토크 뉴스들에서는 현직 국회의원을 포함한 유력 정치인도 쉽게 접할 수 있다. 유력 정치인 같은 뉴스메이커가 실시간으로 출연하면, 뉴스가 더 많이 생산되고 영향력이 커진다. 모든 프로그램이 그런 것은 아니지만, 내용적으로도 이슈에 대해 단순한 코멘트를 하거나 밋밋한 분석에 그치던 것에서 한층 더 진일보한 뉴스를 만들어 내고 있다.

지상파와 종편 각 방송사의 낮 시간대 토크 뉴스들은 몇 가지 공통점이 있다. 먼저, 오후 1시부터 오후 6시 시간대에 편성된다. 저녁 7시 이후에는 각 방송사에서 저녁 메인 뉴스를 편성하고 있다. 낮 시간 토크 뉴스와 저녁 메인 뉴스는 추구하는 목적이 다르고, 편성 시간도 다르고, 역할도 나뉘어 있다. 둘째로, 진행자와 패널들의 실시간 대화가 기본 형식이다. 낮 시간 토크 뉴스에서는 정치인 등 뉴스메이커가 직접 뉴스를 전하거나 분석하고, 저녁 메인 뉴스에서는 기자의 취재 리포트가 중심이 된다. 마지막 특징은 고정 출연자들이 있다는 점이다. 고정 출연자들은 정치인, 변호사, 시사 평론가 등으로 특정 이슈에 대한 해설자 역할을 하거나, 보수 혹은 진보를 대표하는 패널로서 상호 간에 말을 주고받는다.

지상파에서는 SBS가 낮 시간 토크 뉴스에 가장 적극적이다. SBS는 2013년부터 낮 시간 뉴스를 운영했는데, 2017년 개편을 통해 오후 2시부터 〈주영진의 뉴스브리핑〉을 120분간 편성하고 있다. 정치, 경제, 사회 뉴스를 놓고 전문가 혹은 패널들이 이야기를 나눈다. MBC는 2018년 9월부터 〈2시 뉴스외전〉을 신설해 약 80분간 방송하고 있고, KBS는 2018년 6월부터 오후 4시에 〈사사건건〉을 신설했다. 낮 시간 뉴스 전달 방식은 큰 틀에서 지상파 3사가 비슷하다. 정치 이슈는 국회의원 등 정치인의 토론으로, 사회·경제 이슈는 전문가와 앵커의 대담으로 전달된다.

TV 토크 뉴스는 어느새 익숙한 뉴스 포맷이 됐다. 그렇다면, 라디오와 TV 방송사들은 모두 왜 토크 뉴스를 만들고 있을까. 무엇이 토크 뉴스를 성장하게 만들고 있을까. 앞서 언급한 이유들은 주로 시청자 입장에서 살펴본 것이다. 그렇다면 미디어 입장에선 어떨까? 전통적 뉴스 매체인 TV와 라디오가 종편이나 인터넷, 유튜브 등과 치열한 실시간 뉴스 경쟁을 해야 하고, 경제적인 측면에서도 가성비를 추구해야 하기 때문이다. 다음 장에서는 토크 뉴스가 성장한 배경과 전략에 대해 미디어 산업의 측면에서 더 자세히 들여다보고자 한다.

토크 뉴스 성공의 비밀

TV와 라디오, OTT의 전략적 동반

라디오와 TV에서 방송되는 토크 뉴스들은 한 가지 공통점이 있다. 모두 유튜브를 통해 라이브 스트리밍을 하고, 재미있는 내용은 동영상 하이라이트 클립 형태로 업로드된다. 유튜브로 동시에 송출하지 않는 것은 상상하기 어렵다. 요즘은 라디오 청취율이나 TV 시청률만으로 사람들의 다양한 뉴스 시청 패턴을 따라갈 수 없다. 부족한 부분들은 유튜브 조회 수로 채워진다. 인기 있는 라디오 토크 뉴스들은 매 스트리밍마다 수만에서 수십만 조회 수를 기록한다. 부족한 부분을 채우는 것을 넘어 새로운 기회와 시청자층을 만들고 있다.

라디오는 태생적으로 '듣는 매체'라는 한계가 있었다. 물론, 출퇴근길 자동차나 지하철에서 편하게 듣는다는 장점이 있지만 아쉬움이 있었다. 그래서 라디오가 돌파구로 찾은 게 '보이는 라디오'다. 카메라를 설치해 놓고 라디오 진행자의 모습을 유튜브로 보여 주는 것이다. 라디오 음악 프로그램의 진행자나 출연자들은 대부분 가수나 배우 등 연예인이기 때문에 청취자는 라디오를 듣는 것이 아니라 TV 예능 프로그램을 보는 느낌을 받는다. 디지털 기술 덕분에 매체의 한계는 극복된다. 현재 KBS·MBC·SBS 등 지상파 3사 라디오는 물론이고, TBS와 CBS 등 대부분의 라디오 토크 뉴스들은 유튜브로 동시 생방송된다. 아예 유튜브 오리지널 토크 뉴스 프로그램들도 많다. MBC 〈정치인싸〉는 유튜브 오리지널로 출발해서 라디오에 정규 편성됐다.

뉴스 소비자 입장에서는 토크 뉴스의 단골 출연진들이 TV에 출연할 때보다 편안한 복장으로 라디오에 등장해 떠드는 모습이 흥미를 유발한다. 복장이 편안한 만큼 주고받는 대화도 더 자연스럽고, 때로는 더 시원하거나 화끈하다. 말로 재미있게 뉴스를 풀어 가는 것은 라디오가 가진 핵심 무기다. 라디오가 가진 전통적인 강점에, OTT의 덕택으로 보는 힘까지 더해졌으니, 라디오 토크 뉴스가 매체의 태생적인 한계를 극복하고 지속적으로 성장하는 것은 이상한 일이 아니다.

전 세계적으로는 디지털 오디오 콘텐츠 시장 자체도 성장하고 있다. 미국의 유명한 코미디언인 코넌 오브라이언Conan O'Brien은 2022년 5월에 자신이 운영하던 팟캐스트 채널인 '오브라이언은 친구가 필요해Conan O'Brien Needs a Friend'를 라디오 방송국에 약 1억 5000만 달러에 매각해 화제가 됐다.[17] TV 뉴스를 진행하는 미국의 유명 방송인들도 팟캐스트 형태로 자유롭게 뉴스를 전달하고 있다.

TV의 경우는 어떨까? 우선적으로 TV는 기술적인 특성상 시청자와 상호 소통이 안 되는 매체라는 한계가 있다. 방송사가 뉴스를 만들어 전파로 송출하면 시청자는 보고 들을 수밖에 없었다. 라디오처럼 시청자 전화 연결이 쉽지도 않다.

TV에서 시청자 전화 연결은 MBC 〈100분 토론〉이나 KBS 〈생방송 심야토론〉에서 가끔씩 등장하는 일종의 팬 서비스에 가까웠다. 게다가 TV는 다른 매체에 비해 내용과 형식, 출연자 모두 엄숙하다. 이러한 특성은 뉴스의 신뢰도를 높여 주는 장점이겠지만, 요즘 같은 시대에 딱딱하고 재미없다는 평가를 받기 쉽다.

그러나 TV 토크 뉴스들은 유튜브와 동시에 생방송되거나 업로드되면서 새로운 기회를 맞고 있다. 낮 시간대를 점유하는 TV 토크 뉴스들은 시청률이 대체로 낮다. 낮에 TV를 보는 사람들이 많지는 않기 때문이다. 시청률이 낮으면 TV 프로그램은 명맥을 유지하기 어렵다. 하지만 부족한 부분을 유튜브 스트리밍과 영상 클립 조회 수로 만회하고 있다. 예를 들어, MBC 〈2시 뉴스외전〉의 경우 정치나 경제 관련 이슈를 다룬 코너들의 조회 수가 클립마다 50~60만 회씩 나온다.

사실 정치 뉴스는 재미있기가 어렵다. 말 잘하는 패널들을 불러 모아 재미있는 토크 뉴스로 만들어도 남녀노소가 좋아하기에는 한계가 있다. TV를 통해 정치 뉴스를 시청하는 시청자는 주로 40~50대 남성이라 시청률 면에서도 확장성이 떨어진다. 그런데 유튜브를 통하면 시청층을 늘리고, 화제성을 높일 수 있다. 유튜브 버전에서는 TV보다 가볍게 시청자들에게 접근할 수 있다. KBS가 2020년 총선과 2022년 대선

시즌에 맞춰 TV로 방송했던 〈정치합시다〉, 〈정치합시다2〉의 예를 들어보자. 여기 출연자들은 여야를 대표하는 뉴스메이커들이었다. 〈정치합시다1〉은 유시민, 박형준, 홍준표가 출연했다. 〈정치합시다2〉는 유시민, 전원책이 출연했다.

총선과 대선이라는 큰 선거를 앞둔 시점에서, 토크 뉴스에서 쏟아진 뉴스메이커들의 발언은 자체적으로 재생산됐다. KBS는 〈정치합시다〉를 별도의 유튜브 홈페이지를 만들어 실시간으로 스트리밍하고, TV 미방영분이나 각종 하이라이트 장면을 묶어 유튜브용으로 재미있게 편집해 올렸다. 온라인 화제성을 높이기 위해 홈페이지와 썸네일 디자인 등에 다양한 공을 들였다. 이런 노력을 통해 각 영상은 수만 회에서 많게는 200만 회가 넘는 조회 수를 기록했다. TV 시청률만으로 달성하기 힘든 화제성과 영향력을 유튜브로 보완하고, TV가 가진 엄숙함을 유튜브를 통해 내려놓음으로써, 평소 정치 뉴스에 관심이 없던 사람들이나 더 젊은 연령층에 다가갈 수 있게 된 것이다.

뉴스 경쟁과 미디어 경제

토크 뉴스는 앞으로도 TV에서 계속 성장할 것인가 아니면 한순간의 반짝 트렌드인가. 필자는 토크 뉴스의 성장을 예상한다. 이유는 실시간 뉴스 경쟁력, 경제적 이유, 정치 뉴스 트렌드 등 크게 세 가지다. 하나씩 자세히 살펴보자.

실시간 뉴스 경쟁력

TV 뉴스가 인터넷 포털, 유튜브 등 다양한 매체들과 뉴스 경쟁을 하는 데 실시간 토크 뉴스가 효과적이다. 전통적 신문과 방송이 뉴스의 생산과 유통을 좌우하던 2000년 전후만 해도 실시간 속보라는 개념은 지상파 TV 방송사가 자막으로 내보내던 뉴스 속보가 대표적이었다. 이후 네이버, 다음 등 포털 사이트가 등장하면서 연합뉴스를 비롯한 각 매체들이 인터넷 포털을 통해 뉴스 속보를 유통했다. 휴대폰이 사람들의 필수품이 된 이후 뉴스 속보는 대부분 모바일을 통해 전파되고 있다. 속보뿐만 아니라 중요한 다른 뉴스 정보들도 마찬가지다. 신문사와 방송사들은 한동안 인터넷 뉴스 서비스를 강화했는데, 어느새 유튜브가 성장해 이제는 동영상 뉴스 콘텐츠를 놓고 경쟁해야 한다.

방송사는 정시 뉴스 보도에 익숙하다. 아침 뉴스, 정오 뉴스, 5시 뉴스, 저녁 메인 뉴스, 마감 뉴스 등이다. 정시 뉴스에 익숙한 시청자들도 여전히 많다. 이러한 정시 뉴스는 기자가 만드는 리포트를 기반으로 시간대별로 내용을 업데이트하거나, 새로 제작해서 방송하는 형식이다. 이러한 뉴스 리포트들은 깔끔하게 정리돼 있고 완성도 높은 뉴스를 전달하는 데

강점이 있다. 하지만, 기사를 쓰고 촬영을 하고, 영상 편집을 하면서 하나의 리포트를 만드는 데는 상당한 시간과 노력이 들어간다. 실시간으로 쏟아지는 뉴스들을 소화하기란 물리적으로 어렵다.

실시간 다매체 경쟁에서 뉴스는 유통 기한이 점점 짧아진다. 공들여 만들었다고 해도 시간이 지난 리포트는 사람들에게 이미 뉴스가 아니다. 각 방송사 저녁 메인 뉴스 정도가 아니고서야 사람들은 굳이 TV 뉴스 시간을 기다리지도 않는다. 저녁 메인 뉴스조차도 이미 인터넷과 유튜브 등 수많은 매체에서 하루 종일 뉴스를 접한 사람들에게는 식상할 수 있다. 당연한 이야기지만 뉴스는 밤보다 낮에 많이 존재한다. 방송사 저녁 메인 뉴스, 조간 신문이 강력한 뉴스 공급자 역할을 했기 때문에 아침과 저녁에 뉴스가 많이 쏟아졌던 것뿐이다. 토크 뉴스는 실시간으로 쏟아지는 속보를 진행자와 출연자들이 즉석에서 분석하고 해석할 수 있는 강점이 있다. 꼭 속보를 전달하지 않더라도 그날 화제가 된 뉴스의 맥락을 늦지 않은 시점에 분석해 시청자에게 전달하는 것은 속보만큼이나 정보 가치가 크다.

또한 토크 뉴스에서 유력 정치인 등 뉴스메이커가 출연하면 그 자체가 뉴스가 되고, 출연 영상을 동영상 클립으로 만들어 인터넷 홈페이지나 유튜브 채널을 통해 맞춤형으로 다시 유통시킬 수 있다. 사람들이 다양한 매체를 통해 뉴스를 많이 보면 뉴스의 영향력은 더 커진다. 앞서 살펴본 것처럼, 사람들이 유튜브 같은 OTT 동영상 플랫폼을 통해서 뉴스를 소비하는 경향이 갈수록 커지고 있는데, 토크 뉴스는 TV가 실시간 뉴스 경쟁에 나설 수 있는 중요한 수단이다.

경제적 이유

경제적 불가피성 역시 중요한 이유다. 종편 채널이 낮 시간 시사 대담 프로그램을 개국 초반에 적극 편성한 데는 경제적 이유가 컸다. 그리고 현재 지상파가 이를 받아들인 것도 경제적 이유가 크다. 왜일까? 요즘은 종편이 흑자를 달성하기도 하지만, 종편 4사는 방송 첫해인 2012년 무려 2754억 원의 적자를 기록했다.[18] 시청률이 낮고 적자가 대규모로 발생하자, 종편은 드라마와 예능 등 제작비가 많이 들어가는 프로그램을 줄였다. 대신에 최소한의 비용을 들여 안정적 시청률을 확보할 수 있는 시사 대담 프로그램을 집중적으로 편성하는 생존 전략을 취하게 된다.

2013년 10월 기준으로 종편의 시사 대담 프로그램은 총 14개였고, 본방을 기준으로 주간 편성 시간을 합산하면 채널A가 1500분, TV조선 1475분, JTBC 880분, MBN 750분이었다. 주중 보도 프로그램 편성 비중이 전체 방송 시간의

60~70퍼센트에 육박할 정도였다.[19] 탐사 보도는 제작비가 많이 들지만, 전·현직 언론인과 시사 평론가, 정치인을 불러 토크 쇼를 하면 출연료 외에 큰 부담이 없었다. 또 매체 간 뉴스 경쟁이 심한 상황에서 비용을 적게 들이면서 뉴스를 차별화할 수 있는 가장 쉬운 방법은 이념성을 취하는 것인데, 종편은 시사 대담 프로그램을 통해 정치 주제를 확대하고 중장년층 시청층을 확보할 수 있었다.[20] 특히 종편은 2012년 총선과 대선을 거치면서 보수 패널을 통해 보수적으로 뉴스를 해석하고, 보수 정당 정책을 적극적으로 지지하면서 정치적 영향력을 키웠다. 그렇다면 지상파는 어땠을까?

지상파 3사가 낮 시간 토크 뉴스를 적극 편성하기 시작한 시점은 2017년과 2018년 사이이다. 당시는 지상파의 방송 광고가 급감하면서 경영 위기를 겪던 시점이다. 방송통신위원회의 〈2019년도 방송사업자 재산상황〉에 따르면, 지상파(KBS, MBC, SBS, EBS, 지역방송사)는 2018년 2237억 원의 적자, 2019년 2140억 원의 적자를 기록했다. 종편의 사례에서도 살펴봤듯이, 패널들이 출연하는 토크 형식의 뉴스 프로그램은 드라마나 예능 등 다른 프로그램을 만드는 것보다 비용 절감 효과가 크다. 보도국이 보유한 취재 시스템과 영상 인프라 등을 공유할 수 있고, 두 시간을 편성하더라도 개별 리포트에 많은 인력이 투입되는 저녁 메인 뉴스와 달리 인력 부담도

덜하다.

방송사 경영이 어려운 상황에서 광고 판매마저 쉽지 않은 낮 시간대에 비용이 많이 들어가는 프로그램을 제작하거나 편성하는 것은 경제적으로 손해를 보는 일이다. 지상파 역시 방송사 전체적으로 프로그램 제작비를 줄인다는 경제적인 고민 속에서, 낮 시간 토크 뉴스 편성에 적극적으로 움직인 면이 있었다.

정치와 예능의 결합

앞에서 다룬 뉴스의 실시간 경쟁력과 경제적 이유 같은 것은 방송사가 토크 뉴스를 선택하는 산업적인 배경이라고 할 수 있다. 토크 뉴스가 성장하는 또 다른 배경에는 방송사의 전략적인 시도들이 있다. 바로 정치와 예능의 결합이다. 방송사들은 약 10여 년 전부터 정치 뉴스를 예능과 결합하려는 시도를 해왔다. 그리고 최근엔 이러한 트렌드가 점점 더 강해지고 있다. 이것이 토크 뉴스가 성장할 것이라 보는 세 번째 이유이다.

방송사는 정치 이벤트를 좋아한다. 개표 방송에 큰돈을 들이는 것은 물론이고, 현직 대통령의 단독 인터뷰를 성사시키려고 서로 경쟁한다. 정치 이벤트를 보도하는 자체가 시청률을 높여 주고, 뉴스 채널 신뢰도를 상승시켜 주기 때문이다.

때로는 방송사 스스로 정치 이벤트를 만드는데, 정치와 예능의 결합이 한 가지 방법이다.

예를 들어, 총선이나 대선을 앞둔 선거철이 되면 기존 프로그램이나 특별 프로그램을 통해 유력 후보나 뉴스메이커들을 출연시켜 정치적 화제를 모으고자 한다. 시청자들도 딱딱한 뉴스 인터뷰에서 정치인을 접하는 것에 매력을 느끼지 못한다. 대신에 좀 더 편안한 분위기 속에서 정치인의 정치적 비전과 함께 내면의 모습을 들여다보길 원한다. 정치인들도 예능 프로그램에 출연하는 것이 대중적으로 친숙한 이미지를 강화하고, 부정적 이미지를 줄이는 데 효과적이라는 것을 잘 알고 있다.

2009년 MBC 〈황금어장 무릎팍도사〉는 당시 안철수 카이스트 교수 및 안철수연구소 의장을 출연시켜 단숨에 청년 멘토로 급부상시켰고, '안철수 신드롬'을 만들었다. 이후 안 교수는 2011년 서울시장 재보궐 선거에서 유력한 후보로 떠올랐고, 2012년 대통령 선거 출마를 시작으로 2023년 현재도 유력 정치인으로 활동하고 있다. 〈황금어장 무릎팍도사〉는 개그맨 강호동이 진행한 예능 토크 쇼였는데, 안철수의 유명세는 당시 프로그램 출연 기점으로 크게 상승했다. 결과적으로 정치인 안철수를 만든 1등 공신이 〈황금어장 무릎팍도사〉라 해도 지나치지 않다.[21]

SBS 〈힐링캠프〉에 출연한 2012 대선 후보자들의 모습[22] ⓒSBS

2012년 대선이 있던 해에는 SBS 〈힐링캠프〉가 정치적으로 유명세를 탔다. 〈힐링캠프〉는 원래 개그맨 이경규와 김제동, 그리고 탤런트 한혜진이 주로 연예인을 초대해 진솔한 대화를 나누는 프로그램이었다. 그런데 당시 여야의 유력 주자였던 박근혜 후보, 문재인 후보, 안철수 후보가 연초부터 차례대로 출연했다. 안철수 후보는 이미 예능으로 유명세를 얻은 상태였던 반면에 박근혜 후보나 문재인 후보는 예능과는 거리가 있는 정치인이었다.

박근혜 후보와 문재인 후보는 〈힐링캠프〉를 통해 평소 대중들이 알기 어려웠던 자신의 인생사는 물론 정치적 소신 등을 이야기했고, 대선과 맞물려 큰 화제를 낳았다. 박근혜 후보는 중학교 시절 비키니 수영복 입은 사진을 공개하고 대중가요를 불렀다. 문재인 후보는 특전사 시절 사진을 보여주며, 맨주먹 격파 시범을 선보였다. 물론 이전에도 대선 주자의 예능 출연 사례는 있었다.[23] 하지만 유력 대선 주자들이 특정 예능 프로그램에 나란히 출연한 것은 당시 이례적인 사건이었다. 이후부터 대선 주자들의 예능 프로그램 출연은 본격화됐다. 〈황금어장 무릎팍도사〉와 〈힐링캠프〉가 정치와 예능이 결합한 일회성 이벤트였다면, 이후 매주 1회 방영되는 정규 프로그램으로 만들어진 JTBC 〈썰전〉은 '정치+토크+예능'을 결합한 하나의 장르를 만들었다. 〈썰전〉은 프로그램 제목에서 알 수 있듯이 정치 토크 뉴스다. 개그맨 김구라의 진행으로 2013년부터 2019년까지 방송됐다.

홈페이지에 게재된 〈썰전〉의 프로그램 소개는 이렇다. "시청자들의 눈높이에 맞춘 신개념 이슈 리뷰 토크 쇼! 성역과 금기 없는 다양한 시선을 가진 각계각층의 입담가들의 하이퀄리티 뉴스 털기 프로그램으로, 시청자들이 세상을 바라보는 시각을 한 층 업그레이드시켜주는 독한 혀들의 전쟁." 김구라와 보수·진보 패널 셋이서 정치 이슈를 놓고 재미있게 입담을 '터는' 형식이었는데, 대표적인 출연자는 유시민, 박형준, 이철희, 전원책 등이었다. 썰전이 정치 뉴스를 재미있게 해석하면서 선풍적인 인기를 끌자 각 방송사들은 유사한 프

TV조선 〈식객 허영만의 백반기행〉에 출연한 2022 대선 후보자들의 모습[24]
©TV조선

로그램들을 만들어 냈다. 지금도 〈썰전〉은 정치 토크 프로그
램의 대명사처럼 사용되고 있다. 〈썰전〉에는 2017년 대선 당
시 유력 후보들이 출연해 높은 시청률을 기록했다.

제20대 대선을 앞둔 2021년 연말에는 대선 주자들의
예능 출연이 더욱 빈번했다. 대선 주자들의 '예능 전쟁'이라
할 만하다. 당시 윤석열, 이재명, 이낙연 후보가 SBS 〈집사부
일체〉에 출연했다. 윤석열, 이재명 후보는 TV조선 〈식객 허영
만의 백반기행〉 '대통령 후보 대선 백반' 편에도 출연해 소탈
한 이미지 등을 보였다.[25]

〈황금어장 무릎팍도사〉, 〈힐링캠프〉, 〈썰전〉으로 본격
화된 정치와 예능, 그리고 토크의 결합은 현재 진행형이다.
"정치를 예능화하고 희화화한다", "이미지 정치를 만들어 낸

다"는 비판이 있지만, 거스를 수는 없어 보인다. 〈황금어장 무릎팍도사〉를 시작으로 〈힐링캠프〉와 〈썰전〉을 거쳐 〈김어준의 뉴스공장〉, MBC 〈100분 토론〉 '홍준표 vs 유시민' 편, 대통령 선거 패널의 변화에 이르기까지 이 흐름을 하나로 관통하는 것은 재미없는 정치 이야기를 재미있게 만드는 토크의 힘이다.

유튜브 토크 뉴스, 새로운 신드롬

토크 뉴스를 성장시키는 강력한 원동력은 유튜브다. 이번 대선에서 유튜브 토크 뉴스는 양적·질적 측면에서 존재감과 영향력을 드러냈다. 2022년 치러진 제20대 대선은 1, 2위 격차가 0.73퍼센트포인트에 불과해, 역대 대선 가운데 가장 적은 표차로 승패가 갈렸다. 승부가 워낙 치열했던 만큼, 대선 후보들의 예능 출연 전쟁도 역대급이었다. 대선 후보들은 TV뿐만 아니라 유튜브를 비롯한 예능 프로그램이나 각종 토크 프로그램에 출연해 소탈하고 서민적인 이미지를 강조하고, 핵심 공약을 설명하면서 표를 끌어모았다.

미디어 홍보의 중심은 5년 전 대선까지만 해도 TV였다. 대선 후보들이 날 선 정책 토론 대결을 하거나, 예능 프로그램에 출연해 인간적인 면모를 보여주는 이벤트 등은 모두 TV를 중심으로 이뤄졌고, 시청자들의 큰 주목을 받았다. 하지만 이번 대선에서는 유튜브에서 만들어진 독자적 프로그램들이 영향력과 화제성 면에서 TV 못지않은, 때로는 TV를 넘어서는 위력을 발휘했다. 대선 주자들이 TV를 벗어나 본격적인 '유튜브 토크 전쟁'을 치렀다고 볼 수 있다.

여야 유력 후보들이 출연한 대표적인 유튜브 프로그램들을 살펴보면, '삼프로TV-경제의신과함께(이하 삼프로TV)', 예능인 '공부왕쩐천재 홍진경', 게임 채널인 '김성회의 G식백과', 반려동물 채널인 '크집사' 등이다. 대선 후보들이 출연한 유튜브 프로그램들의 특징을 요약하면 크게 두 가지가 있다. 첫째, 정치에만 머물지 않고 분야가 다양하다. 둘째, 상대 후보와의 토론이 아니라 진행자와 이야기를 주고받는다. 대선 후보들은 경제, 교육, 게임, 반려동물 등 생활 밀착형 공약에 연관된 분야의 유명 유튜버와 만나 대중에게 친밀한 이미지를 보여 주고, 진행자와 자신의 정책 비전을 편안하고 자세히 이야기하는 것이 표가 된다고 판단한 것이다.

삼프로 TV는 어떻게 '대박'을 터뜨렸나

가장 화제를 불러일으킨 프로그램은 삼프로TV라는 유튜브 경제 방송 채널이었다. 사실 진행자 세 명은 정치와는 직접적 관련이 없다. 뜨거운 정치 토론 프로그램도 아니고 웃기는 예능 장르도 아니다. 진행자 중 맏형인 김동환은 증권사 출신의 경제 전문 방송인이고, 경제 신문 기자 출신인 이진우는 MBC 라디오 〈손에 잡히는 경제〉 진행자이다. 막내인 정영진은 TV와 유튜브, 팟캐스트 등 다양한 매체에서 활동 중인 방송인이다.

대한민국에 주식 투자 열풍이 불면서 승승장구하던 삼프로TV는 2021년 12월 말, 주요 대선 후보들을 한 명씩 초대해, 금융과 부동산을 비롯한 경제 전반에 걸친 경제 정책 비전을 인터뷰하는 선거 이벤트를 기획했다. 그리고 이 영상들은 누구도 예상치 못한 반응을 일으켰다. 2022년 11월 기준으로 조회 수가 높은 순서로 보면 이재명 후보 720만 회, 윤석열 후보 370만 회, 안철수 후보 170만 회, 심상정 후보 54만 회, 김동연 후보 34만 회다. 이재명 후보 출연 편의 조회 수가 높게 나온 것은 초박빙 대선판에서 생각 외로 큰 파장을 낳았다. 이재명 후보의 인터뷰 내용이 더 좋았다고 판단한 민주당 쪽에서는 "삼프로TV가 나라를 구했다"며 흥분했고, 국민의힘 쪽에서는 선거대책위원회가 해체되는 파장까지 낳았다.[26]

대선 결과는 유튜브 조회 수와는 달리 윤석열 후보의 승리였지만, 지상파 TV 토론도 아닌 유튜브 인터뷰가 대선 과정에 이처럼 영향을 준 것은 처음이었다. 삼프로TV의 대선 주자 인터뷰가 성공한 이유를 정리하자면 다음과 같다.

첫째, 유력 대선 후보들이 사람들에게 가장 관심이 높

은 경제 이슈에 대해 많은 뉴스거리를 제공했다. 둘째, 뜨겁지는 않아도 토크 뉴스의 시원한 맛이 있었다. 전문성을 가진 진행자들은 대선 주자들의 답변이 부족하면, 어물쩍 넘어가는 게 아니라 묻고 또 묻는 방식으로 파고들었다. 이런 질문 방식은 격렬한 토론이 아니어도, 시청자들에게 속 시원한 대리 만족감을 충분히 줬다. 셋째, 편안하게 보고 들을 수 있는 방식으로 충분한 시간에 걸쳐 대화가 진행됐다. 넷째, 진행자들이 '프로' 혹은 '경제의 신'들로 평소에 브랜딩이 돼있고, 이런 재미에 익숙한 충성스러운 유튜브 구독자들이 바이럴을 일으키며 전방위적으로 입소문을 냈다.

　삼프로TV는 단순한 대선용 이벤트가 아니라는 점에서 더 주목할 만하다. 김동환, 이진우, 정영진 3명이 진행하는 삼프로TV는 2018년 유튜브와 팟캐스트로 방송을 시작했다. 주로 미국과 국내 주식 시장에 대해 경제 전문가와 대화를 하면서 경제 뉴스를 실시간으로 전달한다. 요컨대, 삼프로TV는 유튜브 기반 경제 토크 뉴스다. 유튜브 구독자는 200만 명이 넘는다. 편성표를 보면, 매일 출근길 세 시간, 퇴근길 세 시간을 비롯해 하루에 약 10시간 가까이 실시간 방송을 한다. 방송 편성 시간과 이야기를 통해 나오는 정보의 양과 깊이를 감안하면, TV 방송사의 전문 경제 프로그램과 견주어 손색이 없다. 상장을 할 경우 기업가치가 1조 원에 달한다는 평가도

삼프로TV 편성표 (2022년 11월 기준) ⓒ삼프로TV_경제의 신과함께

나왔다.[27] 유튜브 콘텐츠들이 막말 논란과 노골적인 정치 편향성 등으로 많은 비판을 받고 있는데, 삼프로TV는 진행자의 전문성을 바탕으로 유튜브 콘텐츠의 수준을 높이고 있다.

정치 토크 영상

유튜브 정치 토크 채널은 정치 이슈에 대해 일상적으로 이야기하고, 주장을 실시간으로 전파하는 루트가 됐다. 2020년 총선, 특히 2022년 대선을 거치면서 채널의 개수는 물론, 구독자와 조회 수 등이 폭발적으로 늘었다. 일부 채널들은 구독자 수가 100만 명을 넘어서고, 라이브 스트리밍 댓글 등 구독자 참여도 활발하다. 정치 토크 채널들은 대체로 진보 또는 보수 어느 한쪽 편에 서서 정치 이슈를 분석하기 때문에 강한 정파성을 띤다.

구독자가 많은 채널들을 예로 들자면, 보수 진영에는 진성호방송(179만 명), 신의한수(구독자 약 147만 명), 배승희변호사(109만 명), 가로세로연구소(85만 명), 이봉규TV(79만 명), 고성국TV(76만 명), 펜앤드마이크(74만 명) 등이 있다. 진보 진영에는 딴지방송국(104만 명), 서울의소리(88만 명), 열린공감TV(73만 명), 김용민TV(62만 명), 빨간아재(59만 명), 이동형TV(55만 명), 박시영TV(36만 명) 등이다. 이외에도 워낙 많아서 일일이 열거하기 힘들다. 인기가 있는 정치 토크 채널들은 대체로 전직 정치인이나 전직 언론인, 시사 평론가, 여론 조사 전문가 등이 진행자를 맡고 있다. 진행자 혼자 단독으로 진행하는 1인 방송인 경우도 있고, 진행자가 다른 시사 평론가 등을 초대하기도 한다. 이 채널들은 데일리 정치 뉴스를 놓고 나름의 분석을 하거나, 속보를 전하거나 미디어 비평을 하는 등 라이브로 떠들고 대화한다.

정치 토크 채널들은 고대 로마 신화에 나오는 야누스 Janus처럼 두 가지 얼굴을 가졌다. 정치 뉴스를 해석하고 전파하는 미디어로서 영향력이 커지는 반면에, 사견을 주장하거나 극단적인 진영 논리를 대변하고 있어 정치 갈등을 부추긴다는 우려가 많다. 20대 대선에서는 유튜브 정치 토크 채널들이 각자의 정치 성향에 따라 일방적으로 보수, 진보 담론을 주장하고 설파했다. 대선 후보의 대리인들이나 가까운 정치인들이 우호적인 채널에 출연해 인터뷰를 하는 경우도 많았다.

정치 토크 채널들은 선거 과정에서 유례없는 영향력을

끼쳤다. 수십만 명 구독자를 가진 유튜버들이 특정 후보자나 선거에 대해 자신의 주장을 끝없이 떠들었고, 유권자들은 자신의 입맛에 따라 주장을 보고 들었다. 구체적으로 유튜버들이 선거 과정에 얼마나 영향을 끼쳤는지 분석하기는 어렵지만 물량 공세는 분명 효과가 있다. 신문과 TV 등 기성 언론에서 다루는 뉴스만으로는 여론의 지형을 다 살피기 어렵다. 대선 당시 보수 채널들이 진보 채널들보다 더 활발하게 활동했는데, 보수와 진보를 막론하고 사실 검증보다는 상대 후보를 비판하는 데에만 치중하면서 과거보다 더 정파적이고 정치적으로 편향된 모습을 보였다.[28]

유튜브 정치 토크 채널들은 극단적인 '팬덤' 아니면 극단적인 '안티'를 추구한다. 각 채널들의 문제점을 비판할 수는 있지만, 이들에게 객관적인 뉴스를 전달할 책임을 강제하기 어려운 것도 사실이다. 다만, 분명한 사실은 정치 토크 채널들이 최소한 두 가지 면에서 뉴스의 제작과 유통에 영향을 끼치고 있다는 점이다.

첫째로 사람들은 점점 유튜브 정치 토크 채널에서 다뤄지는 데일리 정보들을 뉴스로 인식하고 있다. 실제로 많은 연구들은 유튜브 진행자나 출연자들이 구독자의 정치 성향에 맞는 이야기를 하면, 구독자들은 검증되지 않은 발언이라도 사실로 믿는 경향이 있음을 보여주고 있다. 신뢰할 뿐만 아니라 일부에게는 지갑을 여는 대상이 되기도 한다.《한국일보》의 취재에 따르면, 인기 정치 유튜브 채널들은 라이브 방송 중 채팅 후원 기능인 '슈퍼챗'을 통해 국회의원의 후원금보다 더 많은 수익을 벌어들였다.[29] 2021년을 기준으로 1위부터 7위 채널들은 연간 2억 원에서 7억 원 대의 돈을 벌었다. 유튜브 채널들은 기성 언론사와 다른 방식으로 뉴스를 다루고 있고, 극단적이고 정파적인 정치 뉴스 분석으로 거액의 돈을 벌며 영향력을 키우고 있다.

둘째로 오리지널 뉴스를 생산하는 빈도가 늘어나고 있다. 특히 뉴스메이커가 출연해 현안 이슈에 대해 인터뷰를 하면, 유튜브 채널은 그 자체로 손쉽게 오리지널 뉴스를 생산하게 된다. 실제로 강승규 대통령실 시민사회수석이 보수 성향 '이봉규TV'에 출연해 윤석열 대통령과 낸시 펠로시 미국 하원의장과의 전화 통화 등을 설명해 논란이 벌어지기도 했다.[30]

6·1 지방선거 과정에서도 정치인들은 크고 작은 유튜브 채널에 출연했다. 선거를 얼마 앞둔 5월 말에는 당시 더불어민주당 이재명 총괄선대위원장이 진보 성향인 '박시영TV'에 출연해 다른 국회의원들과 함께 지방 선거 판세에 대해 이야기하고, 문재인 전 대통령과의 비공개 오찬 사실을 공개했다.[31] 국민의힘 이준석 전 대표는 지방 선거 직후 '펜앤드마이크'에 출연해 자신을 둘러싼 정치 현안과 당 대표로서 비전

(좌) '박시영TV' 유튜브 출연 모습 ⓒ박시영 TV 유튜브
(우) '펜앤드마이크' 유튜브 출연 모습 ⓒ펜앤드마이크 유튜브

등을 밝혔다.[32] 윤석열 정부 출범 초기에는 탁현민 전 청와대 의전비서관이 '다스뵈이다'에 출연해서 한 이야기를 두고는 대통령실 인수위원회와 공방이 벌어지기도 했다.[33] 이러한 사례들은 모두, 불과 몇 년 전만 해도 신문이나 TV 등 기성 미디어를 통해서만 보고 들을 수 있었던 뉴스들이다. 이외에도 정치 현안을 놓고 유력 정치인이나 뉴스메이커들이 정치 유튜브에 출연해 뉴스거리를 만들어 내는 일은 일상다반사다.

뉴스메이커와 함께 말로써 뉴스를 재미있게 전달하는 것은 유튜버들이 잘할 수 있는 분야이다. 전문 뉴스 프로그램이 아님에도 정치 토크 채널들이 뉴스를 만들어 내고, 영향력을 키우는 이유다. 하지만, 앞서 언급한 대로 극단적이고 정파적 주장이나 상대 진영에 대한 거짓 비방이 콘텐츠의 주류가 되어서는 순기능보다 역기능이 더 커지게 된다. 훈련된 기자든, 유튜버든 뉴스를 생산하고 전달하는 모든 사람이 사실에 기반해 의견을 말하고 주장을 해야 하는 이유다. 정치 유튜브 채널들의 내용 가운데 도가 지나친 부분이나 허위 사실 유포 등에 대한 법적 규제 방식을 놓고 찬반 논의가 활발하지만, 현행법상으로는 명예 훼손에 따른 형사 처벌이나 손해 배상 청구가 최선이다.

20대 대선에서 유튜브 프로그램들이 영향력을 발휘한 배경에는 법적 규제도 영향을 끼쳤다. 중앙선거관리위원회는 공정성 시비를 막기 위해 선거일 90일 전부터는 후보자들이 보도·토론 방송을 제외한 TV 예능 프로그램에 출연하는 것을 금지하고 있다. 반면에 유튜브 채널은 규제가 없다. 규제가 없으니 대선 후보들이 적극적으로 활용했고, 영향력이 커졌다. 법적 규제에 따른 유불리를 감안하더라도, 평상시 일반 뉴스뿐만 아니라, 대통령 선거와 관련된 중요한 뉴스 소비도 더 이상 TV와 신문 등 레거시 미디어에 머물지 않는다는 것은 의미심장한 변화다. 뉴스 제작과 소비의 전반적 트렌드를 볼 때, 앞으로도 이런 흐름은 계속될 가능성이 높다.

정치 토론 1번지의 역사

미국은 우리와 비교하면 정치 토론의 역사가 길다. 우리나라는 1997년 15대 대통령 선거에서 TV 토론이 처음 도입됐다. 말 잘하는 정치인이었던 김대중 후보는 대선 TV 토론에서 경쟁자인 이회창 후보, 이인제 후보를 눌렀고, 최종적으로 대통령에 당선됐다. 미국에서는 이보다 약 40년 앞선 1960년 첫 대통령 후보 TV 토론이 열렸다. 당시 TV 토론에서 맞붙은 사람은 공화당의 리처드 닉슨Richard Nixon 부통령과 민주당의 샛별인 존 F. 케네디John F. Kennedy 상원의원이었다. TV 토론에서 줄곧 세련되고 당당한 이미지를 선보인 케네디는 "미국은 훌륭한 나라지만 더 훌륭해질 수 있다. 미국은 강한 나라지만 더 강해질 수 있다."라고 말해 유권자들의 마음을 사로잡았다. 그는 토론에서도 이기고 대통령에도 당선됐다. 반면 현직 부통령이었던 닉슨은 땀을 흘리는 창백한 얼굴을 유권자들에게 노출하면서 표를 크게 잃고 낙선했다.

케네디에 패했던 닉슨은 나중에 다시 대통령에 출마해 당선됐다. 하지만 재선 때까지 TV 토론을 줄곧 거부했다. 이후 미국 대선에서는 TV 토론에서 보여준 이미지 덕에 당선되고, 반대로 실언 때문에 낙선한 후보들이 적지 않다. 미국 선거 때마다 볼 수 있듯이 미국의 유력 대선 후보들은 토론에 능숙하고, 특히 위트가 넘친다. 학창 시절부터 토론과 연설로

TV토론에서 만난 존 F. 케네디와 리처드 닉슨 ⓒAP

단련이 된 까닭이다. 물론 말만 논리적으로 잘한다고 해서 토론에서 상대를 이기지는 못한다. 말하는 태도와 표정 등 많은 것들이 토론 결과에 영향을 주기 때문이다. 한국과 미국 모두 대선 TV 토론은 정책 대결이 되기보다는 이미지 정치를 부각한다는 비판을 받고 있지만, 유권자들의 관심이 워낙 높아 선거 때마다 판세를 좌우하는 중요한 이벤트가 되고 있다.

　일찌감치 대통령 선거에서 TV 토론을 했던 것에서 알 수 있듯이, 미국 사회에서는 오래전부터 정치 토론이 활발했고, 이벤트도 많았다. 가장 전설적인 정치 토론 가운데 하나는 진보 논객인 제임스 볼드윈James Baldwin과 보수 논객인 윌리엄 버클리William F. Buckley가 1965년 영국 케임브리지대학교University of Cambridge에서 맞붙었던 토론이다.

　작가인 볼드윈은 마틴 루터 킹Martin Luther King 목사와 동시대 인물로 활발한 저술 활동과 토론 및 강연을 통해 흑인

(좌)제임스 볼드윈 ⓒCarl Van Vechten
(우)윌리엄 F. 버클리 주니어

인권 운동에 앞장섰다. 역시 작가이자 평론가였던 버클리는
보수 잡지인《내셔널 리뷰National Review》를 출판하며 미국의 보
수주의 운동을 이끌던 인물이었다. 볼드윈과 버클리는 '아메
리칸 드림이 미국 흑인들의 차별과 희생에 기반한 것인가'라
는 주제를 놓고 케임브리지대학교 학생들 앞에서 공개 토론
을 벌였다.

　　볼드윈은 "흑인은 선교사의 자선 대상이 아니라, 이 나
라를 만든 사람"이라며 흑인 차별을 비판했다. 노예 제도와
백인 우월주의의 유산이 흑인들의 현실을 파괴했다고도 지적
했다. 버클리는 흑인들이 미국에 살고 있는 것만으로도 나은
삶을 살고 있다며 반박했다. 또한 인종 차별이 정당하지는 않
지만, 흑인들은 상황을 개선하기 위해 더 많이 노력해야 한다
고 주장했다. 청중들은 볼드윈의 주장에 손을 들어 줬다.

당시는 흑인 인권 운동이 미국과 유럽에서 큰 이슈였다. 케임브리지 토론이 있기 2년 전인 1963년에는 마틴 루터 킹 목사가 "나에게는 꿈이 있습니다I have a dream"라는 유명한 연설을 남기기도 했다. 흑인 인권이라는 가장 뜨거운 정치 이슈를 놓고, 미국의 진보와 보수를 대표하는 두 명의 논객이 맞붙었으니 당시에도 큰 화제였다. 이 뜨거운 토론은 토론으로만 머물지 않았다. 몇 주 뒤, 흑인들은 참정권을 요구하며 미국 앨라배마주 셀마Selma에서 목숨을 건 행진을 벌였고, 대규모 유혈 사태가 발생했다. 그리고 그해 8월 린든 존슨Lyndon Johnson 미국 대통령은 흑인의 투표권을 보장하는 법안에 서명했다. 볼드윈과 버클리의 대결은 지금까지도 전설로 남아 인용되는데, 정치 토론이 사회에 미치는 영향력을 엿볼 수 있는 좋은 사례다.

뉴스 쇼와 앵커들

사실 중심 vs 의견 중심

미국 미디어에서 정치 토론은 일상적이다. TV, 팟캐스트, OTT 등에서 방송되는 다양한 뉴스 프로그램들에서는 정치 이슈를 놓고 설전이 벌어진다. 2021년 미국의 여론 조사 기관 퓨리서치센터Pew Research Center의 〈뉴스 플랫폼 선호도 조사News

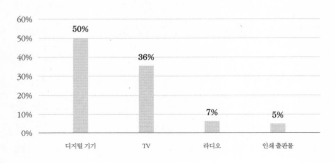

미국 성인들의 뉴스 플랫폼 선호도(2021년)

디지털 기기	TV	라디오	인쇄 출판물
50%	36%	7%	5%

* 퓨리서치센터

Platform Fact Sheet〉에 따르면, 미국인들이 뉴스를 주로 보고 듣는 곳은 웹사이트나 SNS 같은 디지털 매체, TV, 라디오, 신문, 등이다. 우리나라와 대체로 비슷한 흐름이다.

방송 뉴스의 경우 지상파 TV는 ABC, NBC, CBS 등이 있고, 케이블 TV 뉴스에는 폭스뉴스(FNC · Fox News Channel), MSNBC, CNN이 대표적이다. 지상파와 케이블 TV 모두 프라임타임 시간대에 뉴스를 편성해 경쟁하고 있다. 주력 뉴스 프로그램들의 경쟁은 대체로 동부 시간으로 오후 5시부터 시작한다. 미국에서 가장 시청률이 높은 저녁 뉴스는 오후 6시 30분에 방송되는 ABC 〈월드 뉴스 투나잇World News Tonight〉이다. 언론인 데이비드 뮤어David Muir가 진행하는 이 뉴스 프로그램

미국 3대 지상파TV 저녁 메인 뉴스 일일 평균 시청자 수
(2022년 10월 넷째 주)

	ABC	NBC	CBS
전체	784만 2000명	659만 8000명	478만 3000명
25~54세	129만 4000명	111만 6000명	78만 9000명

* TVNewser, 닐슨, 단위: 명

은 하루 평균 700만 명 이상이 시청한다. 이어서 레스터 홀트Lester Holt가 진행하는 NBC 〈나이틀리 뉴스Nightly News〉가 600만 명 이상, 노라 오도넬Norah O'Donnell이 진행하는 CBS 〈이브닝 뉴스Evening News〉가 400만 명 이상의 일일 평균 시청자를 보유하고 있다.

3대 지상파 저녁 뉴스들은 앵커의 리드 멘트에 이은 기자 리포트나 현장 라이브 연결을 통해 주요 뉴스를 약 20분간 보도한다. 우리나라 지상파 저녁 메인 뉴스가 1시간 이상씩 하는 것과는 차이가 있다. 미국 지상파들은 뉴스 시간이 짧다 보니 앵커와 기자들이 팩트 중심으로 간결하게 미국 안팎의 뉴스를 전달한다. 기자 리포트는 정제돼 있고, 앵커들은 무게

미국 케이블 TV 뉴스 쇼 시청자 수
(2022년 10월 31일 기준)

	FNC	CNN	MSNBC
4PM	Cavuto 1779	TheLead 771	Deadline 1302
5PM	Five 3500	Blitzer 787	Melber 1250
6PM	Baier 2812	Blitzer 709	Melber 1413
7PM	Watters 3049	Outfrnt 588	Reid 1288
8PM	Carlson 3358	AC 360 588	Hayes 1275
9PM	Hannity 2726	Tnt Tapper 448	Maddow 2105
10PM	Ingraham 2283	Tonight 438	O'Donnell 1518
11PM	Gutfeld 2419	Tonight 313	11th Hour 903

* TVNewser, 닐슨, 단위: 1000명

감 있고 신뢰를 주는 모습으로 뉴스를 진행한다. 뉴스 형식을
놓고 보면 한국에서 오후 7~9시 사이에 하는 지상파 저녁 메
인 뉴스와 비슷하다.

지상파 종합 뉴스가 전통적으로 많은 시청자를 보유하고 있지만, 미국에서는 케이블 TV 뉴스의 영향력이 막강하다. 미국 케이블 TV 뉴스는 동부 시간으로 오후 4시부터 11시 사이에 라이브 뉴스 쇼 여러 개를 편성하고 있다. 프로그램당 40분에서 60분 정도 방송하는데, 인기 프로그램들은 일일 평균 200~300만 명 정도가 시청할 정도로 인기가 높다. 편성 시간을 살펴보면, 지상파 종합 뉴스가 방송되는 오후 6~7시를 피해서 주력 뉴스 프로그램들을 배치하고 있다.

케이블 TV 뉴스들은 앵커가 자신의 관점으로 뉴스를 설명하거나 출연자와 토크를 통해 뉴스를 전하고 분석한다. 지상파의 종합 뉴스가 팩트 중심의 뉴스라면 케이블 TV 뉴스들은 의견 중심opinion centered의 뉴스라고 할 수 있다. 지상파 종합 뉴스가 단일 프로그램으로는 시청자 수가 많지만, 뉴스 길이가 20분에 불과하다. 반면에 케이블 뉴스 채널들은 프라임 타임 시간대에 앵커를 바꿔 가면서 쉴 새 없이 뉴스를 떠들고 있다. 정치 토론과 의견이 담긴 뉴스들은 팩트 중심 뉴스보다 더 흥미를 유발한다.

폭스뉴스는 도널드 트럼프 대통령 재임 시절인 2020년 6월에 대통령 단독 인터뷰에 힘입어 사상 처음으로 지상파를 넘어서 프라임타임 시간대에 시청률 1위를 기록하기도 했다.[34] 우리나라에서도 그렇지만 대중의 관심이 높은 정치 뉴

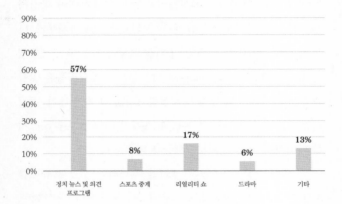

미국 케이블 TV 시청률 상위 5000개 프로그램(2016년도)

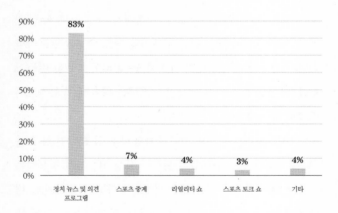

미국 케이블 TV 시청률 상위 5000개 프로그램(2021년도)

* 닐슨

스 이벤트는 종종 예능 프로그램보다도 높은 시청률을 기록한다. 케이블 TV 뉴스는 의견 중심으로 뉴스를 전달하기 때문에 보수와 진보라는 정치적 성향이 뚜렷하다. 이를테면, 폭스뉴스는 공화당 성향이고, CNN이나 MSNBC는 민주당 성향의 보도 성향을 보인다.

케이블 TV 가운데는 폭스뉴스가 가장 시청자가 많다. 폭스뉴스의 대표적인 뉴스 쇼들은 〈더 파이브The Five〉, 〈해니티Hannity〉, 〈터커 칼슨 투나잇Tucker Carlson Tonignt〉 등이다. MSNBC에서는 〈헤이즈Hayes〉, 〈와그너Wagner〉 등이 시청률이 높으며, MSNBC의 간판 뉴스 쇼인 〈레이철 매도 쇼The Rachel Maddow Show〉는 동부시간 월요일 오후 9시에 방송되고 있다. 앤더슨 쿠퍼나 크리스티안 아만포 등 스타 기자들로 국내에도 잘 알려진 CNN에서는 〈AC 360〉, 〈투나잇Tonight〉 등이 인기다.

닐슨 집계에 따르면, 2021년 미국 3대 케이블 TV 뉴스인 폭스뉴스, MSNBC, CNN에서 방송된 정치 뉴스와 의견 프로그램은 케이블 TV 프로그램 전체 시청률 상위 5000개 프로그램 가운데 83퍼센트나 됐다.[35] 2016년에는 이러한 프로그램들의 비중이 57퍼센트에 불과했는데, 5년 사이 크게 늘어난 것이다.

이처럼 미국에서는 앵커의 개성과 인기를 바탕으로 정치 뉴스에 관점을 담아 토크로 전달하는 뉴스 프로그램들이 핵심적인 뉴스 포맷으로 자리 잡고 있다. 미국 시청자들은 지상파 종합 뉴스로 그날의 핵심 스트레이트 뉴스를 본 뒤, 자신들이 선호하는 앵커나 정치적 성향에 맞는 뉴스 쇼를 찾아 지상파나 케이블 TV 채널을 돌리고 있다.

뉴스 쇼와 앵커들

지상파와 케이블 TV 가릴 것 없이 시사 프로그램이나 토크 쇼에서 앵커는 매우 중요하다. 인기 앵커는 뉴스의 신뢰를 상징하기도 하고, 시청자들이 기대하는 뉴스에 대한 관점과 토크의 재미를 보장해 준다. 특히, 케이블 TV 뉴스 쇼들은 철저하게 앵커가 중심이다. 누가 진행하느냐에 따라 시청률이 오르고 내리며, 10년 이상 장수하는 프로그램들이 상당히 많다. 몇몇 인기 프로그램들의 앵커와 프로그램 형식을 살펴보면 케이블 TV 뉴스들이 추구하는 목표와 성격을 잘 알 수 있다.

폭스뉴스의 인기 프로그램 가운데 〈해니티〉는 오후 9시에 방송된다. 진행자 숀 해니티Sean Hannity는 작가이자 정치 평론가 출신이다. 앵커가 그날의 정치 뉴스를 자신의 관점으로 분석해 소개하거나, 출연자를 불러 대화를 한다. 해니티는 올해로 25년째 〈해니티〉를 진행하고 있는데, 프라임타임 케이블뉴스 진행자로서는 최장수를 기록 중이다.[36] 종전의 최장수 앵커는 CNN의 〈래리 킹 라이브Larry King Live〉를 진행했던 래리

(좌)〈해니티〉에 출연한 도널드 트럼프의 모습 ⓒ해니티Hannity
(우)〈더 파이브〉 출연진의 모습 ⓒFNC

킹Larry King이었다. 해니티는 보수주의자들에게 인기가 높은
앵커지만, 지나치게 트럼프 전 대통령을 옹호하는 발언으로
논란이 되기도 했다. 해니티는 2016년 미국 대선 당시《뉴욕
타임스NYT》와 인터뷰에서는 "트럼프가 차기 대통령이 되길
원한다"고 말하기도 했다.[37] 해니티는 자신의 방송에서도 트
럼프 대통령의 정책을 집중적으로 다루고, 옹호하는 발언을
했다. 반대로 조 바이든 대통령이나 민주당 정책에 대해서는
신랄하게 비판한다.

　　미국에서도 이러한 해니티의 당파적인 방송 태도는 논
란을 일으킨다. 저명한 원로 앵커인 테드 코펠Ted Koppel은
2017년 3월 CBS 〈새터데이 모닝Saturday Morning〉에서 해니티와
대화를 나누던 중 "당신은 미국에 해bad for America가 된다"고
강도 높게 비판하기도 했다. 유명한 전·현직 앵커가 저널리
즘을 놓고 일대일로 인터뷰하는 것도 흥미롭지만, 인정사정

봐주지 않는 날카로움 또한 흥미롭다.

폭스뉴스가 올해 새롭게 개편한 〈더 파이브〉는 오후 5시에 방송되는 정치 토크 쇼다. 2011년 첫 방송을 시작했다. 현재는 그렉 거트펠드Greg Gutfeld와 제시 워터스Jesse Watters 같은 폭스뉴스 간판 앵커들과 조지 부시 행정부에서 백악관 대변인을 지낸 다나 페리노Dana Perino 같은 정치 해설가 등 다섯 명이 동시에 진행자로 출연해 뉴스 속보와 정치 이슈 등을 놓고 자유롭게 떠든다. 공동 진행자 다섯 명은 원탁 테이블에 앉아 각자가 준비한 뉴스들을 하나씩 소개하고 서로 의견을 나누며 프로그램을 진행하고 있다.

진행자들이 보수 성향으로 구성된 만큼, 이들의 입을 통해 전해지는 뉴스들도 공화당이나 보수주의자들 관점에서 해석된다. 정치 뉴스와 자유로운 토크 쇼를 결합해 놓은 이 프로그램은 광고주들이 좋아하는 25~54세 시청자들이 많다. 매일 평균 시청자가 330만 명으로 케이블 TV 뉴스 쇼 가운데 1위다.[38] 그러나 진행자 워터스는 2021년 12월 방송에서 코로나19 대응과 관련, 앤서니 파우치Anthony Fauci 미국 국립알레르기·전염병연구소NIAID 소장을 향해 "매복해서 킬샷Kill Shot을 날려야 한다"고 비난했는데, 파우치 소장이 자신에 대한 폭력을 부추겼다고 반발해 논란이 일기도 했다.[39]

미국의 진보 성향 시청자들 사이에서는 MSNBC의 〈레

(위)레이철 매도가 진행하는 모습 ⓒMSNBC
(아래)브라이언 스텔터가 진행하는 모습 ⓒCNN

이철 매도 쇼〉가 단연 인기다. 여성이자 진보적 시사 평론가
인 매도는 2008년 9월부터 〈레이철 매도 쇼〉를 진행하고 있
다. 보수적 폭스뉴스 앵커들과 대척점에 있는 인물이다. 그는
2016년 대선 과정에서 트럼프가 대통령이 되는 것은 "종말적
인 시나리오apocalyptic scenarios"라고 비판하며, 트럼프가 대선에

승리할 경우를 대비해 나치 독일의 히틀러에 대해 연구하고 있다는 인터뷰를 하기도 했다.[40] 〈레이철 매도 쇼〉는 약 50분 간 방송되는데, 진행자가 주요 뉴스들을 골라 직접 논평하고 소개한다. 시청자들은 매도가 전해 주는 관점과 함께 뉴스를 소비한다. 또 정치인 등 뉴스메이커와 토론을 하거나 인터뷰를 하면서 뉴스를 전한다. 출연자는 한 명일 때도 있고 여럿일 때도 있다. 매도에 대한 비중이 워낙 크다 보니, 올해 초 매도가 휴가를 떠나자 MSNBC 프라임타임 시청률이 30퍼센트 급감하기도 했다.[41]

CNN은 최근 몇 년 동안 철저하게 앵커를 중심으로 한 뉴스 프로그램들로 성공 가도를 달렸다. 제프 저커Jeff Zucker 전 사장의 경영 전략이었다. 그는 라이브와 속보 뉴스 등 스트레이트 중심의 CNN을 앵커와 출연자들이 정치 이슈에 대해 적극적으로 입장을 밝히고 토론하는 '의견 중심 뉴스' 채널로 바꿨다. 트럼프 대통령 재임 시절에는 공화당인 트럼프 행정부와 보수 성향의 폭스뉴스를 비판하는 뉴스들로 시청률을 끌어올렸다. 대표적인 사례가 브라이언 스텔터Brian Stelter가 진행하던 〈릴라이어블 소스Reliable Source〉였다.

〈릴라이어블 소스〉는 30년이 넘은 역사를 가진 미디어 비평 프로그램으로, 뉴스메이커들을 출연시키거나 논란이 있는 사안에 대해서는 양측의 주장을 전하며 인기를 끌었다.

〈릴라이어블 소스〉는 트럼프 행정부 비판에 앞장서면서 CNN의 진보적 색채를 강조하는 역할을 했는데, 진행자인 스텔터는 폭스뉴스의 앵커인 숀 해니티나 터커 카슨과 상호 비판을 주고받기도 했다. 그러나 2021년 트럼프 대통령이 물러나면서 비판할 대상이 사라지자, CNN의 프라임타임 뉴스 시청률이 크게 떨어지는 등 어려움을 겪었다. CNN의 새 경영진은 〈릴라이어블 소스〉를 폐지하는 등 과도한 의견 중심의 뉴스 프로그램들을 줄이는 새로운 시도를 하고 있다.

정치 풍자 토크 쇼

또한 한국과 달리, 미국은 정치 풍자 토크 쇼를 통해 정치 뉴스를 소비한다. 뉴스 프로그램이 아니면서도 정치 뉴스나 정치인을 소재로 신랄하게 풍자를 하고, 정치인을 초대하는 토크 쇼들이 많다. 모두 20~30년 이상 된 장수 프로그램들이고 사회적 영향력이 크다.

크게 두 가지로 나눌 수 있다. 먼저, 지상파 TV에서 연예인 관련 정보를 다루면서 정치 풍자를 곁들이는 데일리 심야 토크 쇼가 있다. 대표적인 프로그램은 NBC 〈투나잇 쇼The Tonight Show〉, CBS 〈레이트 쇼The Late Show〉이다. 둘 다 진행자가 코미디언이라는 공통점이 있다. 〈투나잇 쇼〉는 제이 레노Jay Leno가 진행해 오다가 최근에는 지미 펠런Jimmy Fallon이 이어받

왔다. 〈레이트 쇼〉는 데이비드 레터맨David Letterman이 진행하다
가 최근에는 스티븐 콜베어Stephen Colbert가 진행하고 있는데,
BTS가 출연해 국내에서도 유명해졌다.

　　또 두 프로그램은 최신 뉴스를 가지고 대통령 등 정치
인이나 사회 저명인사들에 대한 풍자로 토크 쇼를 시작한다.
예를 들어 러시아군의 무기가 바닥났다고 푸틴 대통령이 순
순히 인정하는 가짜 뉴스를 내보내면서 우크라이나 전쟁 관
련 뉴스를 풍자해 전하는 식이다. 바이든 대통령이나 트럼프
전 대통령도 자주 풍자 소재가 된다. 〈투나잇 쇼〉와 〈레이트
쇼〉는 배우와 가수 등 대중 스타가 주로 출연하지만, 가끔 현
직 대통령이나 유력 정치인들이 직접 출연해 화제를 일으킨
다. 미국 정치인들 역시 코미디를 곁들인 토크 쇼에 출연해 대
중들에게 좀 더 친숙한 이미지를 만들고 자연스럽게 정치적
비전을 설명하고자 하는 것이다.

　　〈투나잇 쇼〉와 〈레이트 쇼〉 같은 지상파 심야 토크 쇼와
는 결이 조금 다른 프로그램은 케이블 TV인 코미디 센트럴
Comedy Central에서 방송하는 〈더 데일리 쇼The Daily Show〉와 〈콜베
어 르포The Colbert Report〉가 있다. 데일리 정치 코미디 쇼들이다.

　　〈더 데일리 쇼〉는 20년 넘도록 매일 방송 중인데, 정치
뉴스를 전문으로 풍자한다. 트레버 노아Trevor Noah라는 코미디
언이 뉴스 앵커를 흉내 내면서 최신 뉴스들을 전한다. 원래는

(위)CBS 〈레이트 쇼The Late Show〉에 출연한 부통령 시절의 조 바이든의 모습 ⓒCBS
(아래)NBC 〈투나잇 쇼The Tonight Show〉에 출연한 버락 오바마의 모습 ⓒNBC

존 스튜어트John Stewart가 오랫동안 진행하면서 유명해졌다. 〈콜베어 르포〉는 2005년부터 2014년까지 방송됐고, 앞서 소개한 CBS 〈레이트 쇼〉의 스티븐 콜베어가 진행했던 뉴스 패러디 프로그램이다.

〈더 데일리 쇼〉와 〈콜베어 르포〉에 주목할 부분은 이 프로그램들이 단순히 가짜 뉴스를 소개하면서 시청자를 웃기는 코미디 쇼가 아니라는 점이다. 미국 학자들의 연구에 따르면, 〈더 데일리 쇼〉나 〈콜베어 르포〉는 정식 뉴스가 아닌 풍자 형식이긴 하지만 20년 이상 매일 정치 정보를 전달해 왔기 때문에 시청자에게 미치는 영향력이 큰 것으로 조사되고 있다. 때문에 특히 정치에 무관심한 젊은 층이 정치 코미디 쇼를 통해 정치 뉴스를 쉽게 접하면서 복잡한 정치 뉴스를 이해할 수 있다는 자신감을 얻게 해준다는 연구 결과가 많다.[42] 자신감에 그치지 않고 이러한 쇼를 통해 정치 뉴스를 얻는 사람들도 많다. 2014년은 〈콜베어 르포〉가 한창 인기이던 시절이었는데, 이때 실시된 퓨리서치의 조사에 따르면, 〈콜베어 르포〉를 통해 뉴스를 얻었다는 사람의 비율은 《월스트리트저널WSJ》, 《USA투데이USA TODAY》 같은 메이저 신문사와 비슷한 수준이었다.[43]

특히 젊은 층으로 갈수록 〈콜베어 르포〉에서 정치 뉴스 정보를 얻는 비율이 높고, 내용을 신뢰하는 비율도 높았다. 미국도 젊은 층에서 정치에 대한 관심이 갈수록 낮아지고 있는데, 재미있는 토크 쇼나 코미디 쇼가 신문이나 방송 못지않게 정치 뉴스를 제공해 주고, 정치나 선거에 대한 젊은 층의 관심을 이끌어 내는 긍정적인 기능을 한다는 것이다.

2009년 타임지가 선정한 미국 1위 언론인에 올랐던 존 스튜어트의
방송 모습 ⓒ코미디센트럴COMEDY CENTRAL

진행자들도 코미디언 이상이다. 시청자들은 진행자를
유력 방송사 앵커들 이상으로 신뢰한다. 전·현직 대통령, 고
위 행정부 관리, 유력 대선 주자, 전 세계 지도자들이 기꺼이
이 쇼에 출연했다. 〈더 데일리 쇼〉를 16년간 진행했던 존 스
튜어트는 2007년 퓨리서치 여론 조사에서는 가장 신뢰할 만
한 언론인 4위에 올랐다. 이어 2009년에는 미국의 주간지
《타임TIME》 여론 조사에서 44퍼센트의 지지를 얻어 가장 신
뢰할 만한 언론인 1위에 뽑혔고, 2위는 NBC 〈나이틀리 뉴스〉
의 명앵커였던 브라이언 윌리엄스Brian Williams였다.[44] 《뉴욕타
임스》는 당시 기사에서 〈더 데일리 쇼〉가 공공 이슈에 대한
미국인들의 대화에 상당한 영향력을 미치고 있다고 분석했
다.[45]

〈콜베어 르포〉의 스티븐 콜베어는 2006년《타임》이 선정한 올해의 인물에 포함됐다. '진실스러움truthiness'이라는 단어를 만들어 사전에 등재시키는가 하면, 정치인들에 대한 성역 없는 풍자로 유명하다. 콜베어는 2006년 백악관 기자단 만찬회에 초대받아 연설을 했는데, 조지 W. 부시 대통령의 면전에서 이라크 전쟁을 날카롭게 비판하며 부시 대통령과 공화당, 그리고 폭스뉴스 등 보수 진영을 싸잡아 풍자했다. 미국 기자들 사이에서는 현재까지도 역사상 가장 논란이 많았던 백악관 기자단 만찬 연설로 회자되고 있다.[46]

이처럼 미국의 심야 토크 쇼나 정치 코미디 쇼들은 단순히 재미만을 추구하지 않는다. 정보의 양이 많고, 신랄하게 현실 정치를 비판하면서 뉴스 프로그램 이상의 영향력을 행사하고 있다. 우리나라에도 정치 풍자 개그 프로그램이 있지만, 미국처럼 오랜 세월에 걸쳐 매일 방송된 경우는 없다. 오히려 정치 풍자가 너무 인기를 끌다가 정치권의 눈 밖에 나 프로그램이 폐지되는 일이 적지 않았다. 정치권이 정치 풍자를 풍자로 넘기지 않거니와 편 가르기에 대한 사회적 민감도가 크기 때문이다.[47] 그러나 정치와 풍자는 떼려야 뗄 수 없는 관계이다. 우리나라에는 정치 뉴스를 재미있게 다루는 TV 코미디 쇼나 풍자 토크 쇼가 10여 년씩 장수한 경우가 없었기 때문에, 팟캐스트나 유튜브의 정치 콘텐츠 프로그램들이 상대적으로 더 인기를 끌었다고도 볼 수 있다.

토크 뉴스의 문제점

토크 뉴스에는 명확한 단점과 부작용이 있다. 첫째는 정치적 편향성과 사회적 갈등을 강화할 수 있다. 토크 뉴스에 등장하는 정치인이나 평론가 등은 대부분 정파성이 강하고, 지지층이 좋아하는 말을 한다. 둘째는 뉴스가 시청률 만능주의에 빠질 수 있다는 점이다. 정치를 풍자하는 미국 코미디 쇼의 경우, 시청자들이 재미있고 쉽게 정치 정보를 접하는 반면에, 정치에 대해 냉소적인 태도를 갖게 한다. 이런 문제점들은 우리나라와 미국 모두에서 공통적으로 나타나는 고민거리다. 사람들이 좋아한다고 해서 뉴스의 근본적인 책임감이나 공익성을 간과할 수는 없다. 다만 이 부분에 있어 한국과 미국의 구체적인 모습은 조금 다르다.

미국에서는 2022년 5월 조 바이든 대통령의 첫 번째 대변인이었던 젠 사키Zen Psaki가 MSNBC로 이직해 정치 평론가로 활동하고 있으며[48], 2023년에는 OTT 스트리밍 뉴스 앵커를 맡을 예정이다. 정치적 편향성의 문제에 있어, 우리나라에서는 현직 기자들이 청와대에 '직행'하는 게 종종 문제가 된다. 방송사 혹은 신문사 간부가 청와대 대변인이나 비서관으로 가면서 정치적 독립성이나 언론 윤리를 해친다는 지적을 받는다.[49] 어느 쪽이 더 정치적 공정성을 해치는지는 몰라도, 국내에서 청와대 대변인이 유력 방송사의 뉴스 프로그램 진행자로 간 경우는 아직 없다.

규제의 차이도 있다. 우리나라의 경우에는 지상파 TV와 라디오, 종합 편성 채널, 뉴스 전문 채널 등 모두가 방송통신위원회의 재허가·재승인 심사를 받고, 방송통신심의위원회가 내용 심의를 한다. 방송사들은 공적 책무, 공익성, 공정성 등을 요구받고 있으며, 규제 기관들은 쌍심지를 켜고 있다. 방송사들도 뉴스 내용에 조심할 수밖에 없고, 때때로 정치적 편향성 논란이 벌어지지만 큰 틀에서 보면 수위 조절이 된다. 미국은 연방통신위원회(FCC·Federal Communications Commision)가 뉴스 프로그램 내용에 대해 심사를 하지 않는다. 방송사와 앵커들은 자신의 정치적 신념이나 정치적 이해관계, 그리고 시청률 등에 따라서 진보 혹은 보수 어느 한쪽으로 움직이는 경향이 한국에 비해 강하다.

특히, 유튜브 정치 토크 채널들에 대해서는 우리나라와 미국 모두 TV 방송사 프로그램처럼 별도의 심사를 하지 않는다. 미국에서도 어떤 채널들은 내용이 정치적으로 편향된 것을 넘어 '가짜 뉴스'가 자주 논란이 된다. 유튜브 가짜 뉴스에 대해 현실적으로 추가적인 규제가 어렵다면, 기성 뉴스 매체들이 스트리밍 뉴스에 적극적으로 뛰어들어 '양화가 악화를 구축하도록' 노력하는 게 대안이 될 수 있다. 미국에서는 이미 유력 방송사들이 토크 뉴스 형식의 OTT 전용 스트리밍 뉴스들에 많은 투자를 하고 있다.

두 개의 스타일, 두 가지 시청자

지금까지 우리나라와 미국의 다양한 토크 뉴스들을 살펴봤다. 우리나라에서 유튜브 등 OTT를 통한 뉴스 소비가 최근 급격히 확대되면서 토크 뉴스가 성장하고 있다면, 미국은 활발한 정치 토론 문화를 기반으로 이미 토크 뉴스가 핵심적인 뉴스 프로그램 형식으로 자리 잡고 있다. 언론계와 학계에서 TV 방송 뉴스는 신문과는 성격이 다소 다른 것으로 이해되는 경향이 있다. 신문이 사설과 칼럼 혹은 기사를 통해 정파적인 주장을 하는 것이 용인된다면, 방송은 중립성이 매우 강조된다. 신문의 경우 과거 미국과 유럽에서 처음 태동했을 때부터 정파적인 주장을 하는 매체로 발전해 왔고, 지상파 TV 방송은 공공재인 전파를 사용하기 때문에 공공성과 보편성이 최선의 가치로 여겨지기 때문이다.

그러나 디지털 기술의 발전으로 대부분 사람들이 지상파 TV 뉴스를 안테나로 직접 수신하는 게 아니라 케이블 TV나 IPTV, 유튜브를 통해서 보고 있다. 종편 채널은 애초부터 지상파가 아니며, 유튜브에는 뉴스를 얻을 수 있는 대안 프로그램들이 많아졌다. 이제는 '방송=공공재'라는 공식은 최소한 전파의 공공성에 기반해서 설명하기 어렵다. 시청자들의 인식도 많이 변했다. 종편 채널이 생기고, 지상파 방송들이 정치적 부침을 겪으면서 많은 시청자들이 방송 뉴스에도 보수

멜리사 국장과 필자는 리노에서 만나 얘기를 나눴다.

또는 진보의 성향이 있다고 생각한다. 마치 보편적으로 '조선일보=보수, 한겨레=진보'라고 인식하는 것처럼 말이다. 과거에 비해 시청자들은 정치적 이슈에 대해 주장을 하고 의견을 내는 방송 뉴스 또는 영상 뉴스에 익숙해졌다. 신문의 사설이나 칼럼을 즐기듯, 방송 뉴스의 해석과 주장을 점점 더 즐긴다. 미국 현직 언론인들은 이 현상에 대해 어떻게 생각할까. 네바다주 리노에서 NBC의 지역 협력 방송국이자 〈News 4〉 뉴스를 책임지고 있는 멜리사 퍼거슨Melisa Ferguson 보도국장과 만나 나눈 대화를 잠시 소개하겠다.

　　저자 : 미국에는 '두 가지 스타일의 뉴스(Two style of news)'가 인기를 끌고 있는 것 같다. 한 가지는 NBC 〈나이틀리 뉴

스)처럼 정통적인 스타일 뉴스다. 한국 지상파의 저녁 메인 뉴스와 비슷하다. 다른 한 가지는 MSNBC의 〈레이철 매도 쇼〉나 폭스뉴스의 〈해니티 쇼〉 같은 토크 뉴스 쇼들이다. 뉴스 쇼 앵커들은 정치 이슈에 대해 의견을 아주 많이 말한다. 어떻게 생각하나?

멜리사 국장 : 맞다. 왜냐하면 미국에는 '두 가지 시청자(Two viewers)'가 있기 때문이다. 한쪽은 NBC 〈나이틀리 뉴스〉와 같은 스트레이트 뉴스를 원한다. 어떤 일이 발생했는지 사실을 알려주면 판단은 스스로 하겠다고 생각하는 사람들이다. 다른 한쪽은 매도나 해니티 같은 앵커나 출연자로부터 뉴스에 대한 해석을 듣기를 원한다. 시청자들이 각자 원하는 스타일의 뉴스를 찾아가고 있다.

뉴스 시청자가 두 가지로 나뉘는 것은 좀 더 재미있고, 좀 더 자신의 정치 성향에 맞는 뉴스를 찾는 사람들이 많아진 흐름과 연결돼 있다. 미국에서는 트럼프 전 대통령 시대의 정치적 갈등과 맞물리면서 의견과 주장을 내놓는 토크 뉴스들이 전성기를 걸었다. 이런 토크 뉴스들은 디지털 시대의 전략이기도 하다. 2022년 6월 미국 캘리포니아 LA에서 열린 세계 최대 크리에이터 축제인 비드콘Vidcon[50]에 참가한 MSNBC의 주요 관계자들은 디지털 스트리밍 뉴스의 주요 전략으로 '프리미엄 의견 뉴스'를 제시했다.[51] 미국 NBC 방송은 젊은 뉴스 시청층을 끌어들이고자 CBS, ABC, CNN 등에 이어 2019년부터 24시간 스트리밍 뉴스 채널인 〈NBC News NOW〉를 방송하고 있다.[52] 그리고 스트리밍 뉴스에서는 사실(팩트) 기반의 전통적인 스트레이트 뉴스보다는 이슈에 대한 의견을 토크로 풀어내는 뉴스들이 인기를 끌고 있다.

이런 현상의 이면엔 무엇이 있을까? 미국 네바다주립대학교University of Nevada Las Vegas 레이놀즈저널리즘스쿨Reynolds School of Journalism의 시저 앤드루스Caesar Andrews 교수[53]는 이렇게 설명했다.

> "현재 미국 사회는 객관적이거나 중도적인 견해를 받아들이지 않는 사람들이 늘고 있다. 우선, 정치적으로는 양당 체제가 확고하다. 싫어하는 정치인에 대해서는 '싫다'가 아니라 '거짓말쟁이, 나쁜 놈'이라고 말하는 뉴스를 본다. 그리고 문화적인 측면이다. 미국인들은 10대 시절부터 자기가 좋아하는 것에 따라 다양한 그룹을 짓는다. 최근 들어 이민자 정책을 둘러싼 찬반 논쟁, 젠더 이슈 등이 복잡하게 얽히면서 사람들이 자기 생각과 일치(matching)하는 뉴스를 찾고 있다. 이제는 저널리스트들이 뉴스를 보도하면서 단순히 팩트만을 보도하는

시대가 아니다. 사람들은 팩트를 넘어서길 원한다. 저널리스트들이 뉴스에 주관적 관점(perspective)과 통찰력(insight)을 더할 수 있고, 의견(opinion)과 해석(interpetateion)을 주장할 수 있다. 그러나 이 모든 것들은 팩트에 기반해야 한다."

앤드루스 교수의 진단은 미국 사회와 미국 뉴스, 미국 뉴스 시청자에 관한 것이지만, 국내 상황에 적용해도 크게 틀리지 않아 보인다. 우리나라 역시 디지털 매체의 폭발적 성장과 더불어 정치적 갈등, 젠더 이슈 등 사회·문화적 갈등이 복합적으로 얽히면서 토크 뉴스들이 성장하고 있다. MZ세대는 물론이고, 586세대나 노년층도 과거보다 다층적으로 분화되고 있고, 다양한 잣대로 세상을 바라본다. 기존의 정통 뉴스와 토크 뉴스 가운데 어느 쪽이 저널리즘 관점에서 옳고 그른지, 어느 쪽 시청자가 옳고 그른지를 판단하기는 어려울 것이다. 그저 지금 이 시대에 맞는, 사람들이 원하는 뉴스가 토크 뉴스인 것이다.

이름이 걸린 뉴스 ; 앵커 중심의 차별화

토크 뉴스들은 뉴스에 어떤 영향을 주고 있으며, 앞으로 어떤 영향을 미치게 될 것인가. 우선, 토크 뉴스가 활발해지면 뉴스에서 앵커가 차지하는 비중이 커진다. 미국의 뉴스 쇼와 지상파 심야 토크 쇼 등에서 살펴본 것처럼, 뉴스를 자신의 관점으로 분석을 하든, 뉴스메이커와 대담을 하든 토크 뉴스 형식의 중심은 결국 앵커가 된다. 미국의 뉴스 프로그램들은 지상파 뉴스와 케이블 TV 뉴스, 스트리밍 뉴스 모두 앵커 중심으로 짜여 있다. 뉴스 제목부터 앵커의 힘이 느껴진다. 지상파 메인 뉴스의 이름에 모두 앵커의 이름이 포함된다. 예를 들어, 지상파 메인 뉴스의 이름은 ABC 〈월드 뉴스 투나잇 위드 데이비드 뮤어World News Tonight With David Muir〉, NBC 〈나이틀리 뉴스 위드 레스터 홀트Nightly News with Lester Holt〉, CBS 〈이브닝 뉴스 위드 노라 오도넬Evening News With Norah O'Donnell〉이다. 케이블 TV는 좀 더 앵커의 이름이 도드라지는데 〈레이첼 매도 쇼The Rachel Maddow Show〉, 〈터커 칼슨 투나잇Tucker Calson Tonight〉 같은 식이다.

우리나라의 경우 MBC 〈뉴스데스크〉, KBS 〈뉴스9〉, SBS 〈8뉴스〉, TV조선 〈뉴스9〉, JTBC 〈뉴스룸〉, 채널A 〈뉴스A〉, MBN 〈뉴스7〉 등으로 앵커가 아닌 프로그램 자체가 강조된다. 아무리 유명한 앵커라도 메인 뉴스 프로그램에 이름을 단 적이 없다. 미국과는 다른 문화적인 차이도 있고, 방송 뉴스의 공공성이 강조되기 때문에 앵커를 특별히 부각하거나, 관점을 드러내는 일이 금기시돼 왔기 때문이다. 정치권과 정부의 감시 눈초리도 매섭다.

그러나 토크 뉴스가 성장하면서 최근 TV와 라디오, 유튜브 등 다양한 매체에서 방송되는 뉴스들 가운데 앵커 중심의 포맷이 많아지고 있다. TV의 경우 예를 들면, SBS〈주영진의 뉴스브리핑〉이 방송되고 있다. 라디오는 예전부터 앵커 중심이었는데, 최근 시사 토크 뉴스들이 각광받으면서 각 방송사마다 진행자 이름이 붙은 시사 프로그램 하나씩은 다 생겼다. 특히 고정적인 시청층과 팬덤이 중요한 유튜브 채널, 또는 라이브 스트리밍 뉴스들은 진행자 이름을 내건 방송들이 많다. OTT를 통한 스트리밍 뉴스는 전 세계적으로 강화되는 추세이기 때문에, 향후 우리나라 주요 방송사들이 스트리밍 뉴스를 강화할수록 앵커의 이름을 달고, 앵커가 중심이 되는 뉴스 프로그램들이 늘어날 가능성이 높다.

앵커 중심의 토크 뉴스는 자연스럽게 뉴스 프로그램의 특화로 이어진다. 앵커의 정치적 성향에 따라 보수와 진보 색채가 강해지면서 논란이 발생할 여지는 있지만, 비슷한 뉴스를 비슷하게 보도하는 뉴스 프로그램의 틀을 깰 수 있다. 뉴스 매체 간 경쟁이 치열해질수록 시청자들은 신뢰감을 주는 앵커, 자신이 좋아하는 앵커가 진행하는 뉴스를 더 찾게 된다. 앵커 중심의 특화에 성공한 뉴스 프로그램은 TV에서는 손석희 앵커가 진행했던 JTBC〈뉴스룸〉이 있고, 라디오에서는 TBS〈김어준의 뉴스공장〉이 대표적이다.

JTBC 뉴스룸은 미국식으로 하면〈JTBC 뉴스룸 with

손석희〉또는 〈손석희의 뉴스룸〉이라고 할 만하다. 뉴스룸은 기자 리포트에 의존했던 기존 뉴스 보도 시스템에서 벗어나 뉴스메이커와의 라이브 인터뷰나 취재 기자 라이브 연결의 비중을 높였다. 이런 형식은 앵커의 발언과 개입을 늘리는 결과로 이어졌고, 시청자들의 주목을 끌었다. 〈김어준의 뉴스공장〉은 TV 뉴스와 다른 지점에서 경쟁력을 갖추고 있다. 기자의 리포트나 게이트 키핑을 거치지 않고, 뉴스메이커나 취재원으로부터 직접 이야기를 듣고 전달한다. 유튜브 경제 토크 뉴스인 삼프로TV는 세 명의 진행자에 대한 신뢰와 인기에 기반해 자신들만의 독특한 경제 뉴스 프로그램을 만들고 있다.

라이브 토크 ; 전문성의 강화

토크 뉴스의 매력은 생동감 넘치는 라이브다. 라이브이기 때문에 토크가 강력한 힘을 발휘한다. 실시간 스트리밍 시대에는 라이브 뉴스가 경쟁력이 있다. 토크 뉴스는 뉴스를 보도하고 사람들이 소비하는 데 있어서 라이브 인터뷰나 라이브 연결의 비중을 늘리는 데 기여하고 있다. TV와 라디오, 유튜브에서 라이브 토크 뉴스가 많아지면서, 지상파 메인 뉴스들도 더 이상 기자 리포트에만 의존하지 않는다. 앵커나 기자가 특정 이슈를 이야기하듯이 설명해 주거나 취재 기자와 뉴스메이커가 라이브로 출연하는 일이 늘고 있다. 뉴스에 있어서 라이브 토크는 전문성과도 연결된다. 미리 만들어 놓는 리포트 형태의 뉴스는 취재 기자가 해당 분야에 전문성이 부족해도 기사를 쓰고 보도를 할 수 있다.

반면 라이브 토크는 시간이 길어질수록 앵커는 물론이고 기자나 출연자의 전문성이 필수적이다. 전문적인 지식이나 깊이가 없으면 앵커와 출연자가 서로 약속된 몇 마디만 주고받다가 그치게 된다. 정보를 얻는 루트가 많아진 요즘은 시청자들도 이를 잘 알아챈다. 기자 리포트에 등장하는 15초 안팎의 인터뷰에서는 모두가 다 전문가이지만, 15분 라이브 토크에서는 진짜 전문가만이 살아남는다.

미국의 라이브 뉴스 쇼들에서 정치부를 오래 경험한 기자나 전·현직 유력 정치인들이 해설가 또는 아예 진행자로 등장하는 경우가 많다. 대중적인 유명세도 있겠지만, 전문성이 그만큼 중요하기 때문일 것이다. 우리나라에서도 라이브 토크 뉴스가 성장할수록 앵커와 기자들은 전문적 지식과 충실한 취재를 요구받게 될 것이다. 다매체 다채널 시대에 스타 앵커와 스타 기자가 되려면 전문성이 보다 중요한 덕목이 되고, 저널리스트들의 전문성이 높아지면 뉴스의 품질도 높아진다.

에필로그(1)

말 많은 뉴스를 찾아서

10여 년 전에 사회부 법조팀을 담당하다가 정치부 정당팀에 온 후배가 정치 기사의 답답함에 대해 토로한 적이 있다. 내용은 이렇다. 판사의 판결문은 이 사람이 왜 유죄인지, 무죄인지 사실 관계가 명확한데, 정치 기사는 온통 정치인들의 '뜬구름 잡는 이야기'들로 가득하다는 것이다. 사실 그렇다. 판사는 판결문으로 말하고, 정치인은 말로 말한다. 정치인의 말속에는 민주주의와 정의도 담겨 있지만, 거짓과 포퓰리즘도 뒤섞여 있다. 요즘 밤낮으로 정치 토크 뉴스가 갈수록 인기를 끄는 것을 보면, 참 정치는 말이 많다는 생각이 든다. 다른 한편으로는 뉴스메이커의 말을 가려서 듣고, 말의 진실과 앞뒤 맥락을 분석하는 일이 더욱 중요해졌다.

본문에서 소개한 홍준표와 유시민의 MBC 〈100분 토론〉이 끝난 직후 화제가 됐던 단어가 '요설'이다. 홍준표 대구시장이 유시민 작가를 비판하면서 남긴 말이었는데, 이후에 정치권에서 심심치 않게 쓰이는 걸 보면 그 단어가 뇌리에 꽂힌 사람들이 꽤 많았던 모양이다. 원래 요설은 '말 잘하는 혀' 또는 '요사스러운 수작'이라는 의미다. 정치권에서 쓰일 때는 가짜 뉴스를 퍼뜨리는 발언이나 본질을 흐리는 억지 주장 등의 의미로 사용되는 것 같다. 우리 편이 하면 진심, 남이 하면 요설인 시대다.

미국에서 만난 한 은퇴한 공화당 정치인은 본인은 폭스

뉴스를 주로 보지만, 민주당 성향의 〈레이철 매도 쇼〉를 일부러 찾아서 본다고 했다. 폭스뉴스의 주장은 대체로 예상이 되지만, 나와 정치 성향이 다른 사람들은 어떻게 해석하는지 궁금하기 때문이라고 했다. 홍수처럼 쏟아지는 토크 뉴스 속에 담긴 진짜 정보와 말의 진심을 찾아내기 위해서는 뉴스 소비자가 더 스마트해져야 할 것이다.

OTT의 성장과 맞물려 토크 뉴스는 뉴스의 새로운 영역을 확장하고 있다. 그러나 시청자 혹은 뉴스 소비자에게 중요한 것은 뉴스의 형식보다는 뉴스의 가치다. 트렌드가 바뀌어도 뉴스의 본질은 결국 신뢰다. 토크 뉴스는 재미와 함께 신뢰할 수 있는 콘텐츠를 제공해야 가치가 있고 계속 빛날 수 있을 것이다.

에필로그(2)　　　　　윤기웅 교수의 편지

라디오 방송이 시작된 지 100년이 지났다. 방송은 그간 사람들에게 즐거움과 부작용을 동시에 안겼고 인류는 지금 이 양면성을 더 절실히 경험하고 있다. 소셜 미디어를 매개로 가짜 뉴스라는 새로운 문제가 커지고 있고, 기존의 미디어가 독점하던 광고 시장은 AI를 기반으로 한 인터넷과 경쟁 구도에 놓였다. 우리는 케이블 TV와 인터넷이 난립한 무한 다채널 시대를 산다. 이러한 환경에서 전문가들조차 어떻게 방송을 이해해야 하는지, 대중들이 어떻게 방송을 경험하고 있는지 설명하기 어려워졌다.

저자는 현업에서의 풍부한 경험을 바탕으로 지금 TV 방송이 처한 현실을 보여 준다. 지금 방송이 겪고 있지만 일반 대중들이 느끼기에는 다소 혼란스러울 수 있는 현상을 쉽게, 예시를 들어 이야기한다. 특히 21세기에 들어 토크 쇼를 중심으로 한 정치 방송들이 쏟아져 나오고 있는 것에 초점을 맞췄다. 저자는 우선 경제적 이유를 든다. 저비용으로 시청률을 유지할 수 있는 토크 쇼 포맷은 방송사 입장에서 매력적이다. 책의 백미로 볼 수 있는 토크 뉴스의 "세 가지 맛" 역시 신선한 설명이다. 시청자의 기호를 말맛, 시원한 맛, 그리고 뜨거운 맛으로 쉽게 풀어냈다.

필자는 학부생들에게 글쓰기를 가르치면서 글을 쉽게 쓰는 게 얼마나 힘든지 강조하곤 한다. 쉬운 글쓰기의 본질은 어렵고 복잡한 현상이나 아이디어를 직관적으로 설명하는 것이다. 방송과 미디어에 종사하는 사람들은 이것이 얼마나 힘든 일인지 안다. 특히 저자가 미디어와 사회 현상과의 연결 고리를 설명하는 것은 일견 쉬워 보여도 조금만 깊숙이 들어가면 복잡해져 독자들을 매우 혼란스럽게 할 수 있다. "세 가지 맛"은 그런 점에서 탁월하다. 토크 뉴스에 대한 사회 현상을 직관적이고 신선하게 드러내는 아이디어기 때문이다.

저자는 미국 네바다대학교에서 이 책을 집필했다. 네바다주의 리노 옆으로는 아름다운 타호 호수Lake Tahoe와 시에라 네바다산맥Sierra Nevada이 있다. 필자는 저자가 집필하는 과정을 지켜보며 몇 번의 필드 트립Field Trip 역시 동행했는데 때때로 튀어나오는 감각적이고 집중력이 돋보이는 질문에서 한국의 톱 기자로서 쌓은 공력이 느껴졌다. 방송·광고는 공공 미디어에 대한 지원을 최소한으로 하는 미국 자본주의의 첨병에 서 있다. 이에 대한 저자의 고민은 책 여기저기에 담겨 날카로운 질문을 던지고 있다.

유튜브와 같은 뉴 미디어와 기존의 방송을 오가며 이어지는 설명에선, 광고에 의존하는 동시에 공공 미디어의 위치를 지키는 MBC 기자로서의 고민이 잘 드러난다. OTT와 경쟁을 할 수밖에 없는 미래의 방송 기자들은 저자의 고민과 그에 따른 설명들을 눈여겨볼 만하다.

새로운 아이디어를 위해 노력하고 끝내 책 작업에서 탈고脫稿한 저자에게 축하를 보낸다. 쉬지 않고 연구해 자신의 경험에 근거한 기록을 남겨 준 것에 무한한 감사를 보낸다. 방송에 관심 있는 모든 독자들에게 이 책을 추천하는 바다.

윤기웅 미국 네바다주립대(UNR)
레이놀즈 저널리즘 스쿨 교수(부학장)

주

1 _ 이해준, 〈유시민 "尹 캠페인 엉망, 동의하시죠" 전원책 "아주 잘못했다"〉, 《중앙일보》, 2022. 3. 9.
박지혜, 〈유시민, 윤석열 1%차 역전에 "여기서 철수...할 얘기 없다"〉, 《이데일리》, 2022. 3. 10.

2 _ 장세인, 〈TBS 존폐 위기 속 '김어준의 뉴스공장' 청취율 부동의 1위〉, PD저널, 2022. 8. 8.
김어준 씨는 2022년 12월까지만 〈뉴스공장〉을 진행한다고 밝혔다.

3 _ 박태훈, 〈'송해 닮은' 82세 박지원, 7월 47회 · 하루 6회 방송⋯"뼈 부러져도 인터뷰"〉, 뉴스1, 2022. 7. 26.

4 _ 황선영, 〈원희룡-현근택, '소시오패스 발언' 두고 생방송서 설전〉, TV조선, 2021. 10. 23.

5 _ 서혜림, 〈홍준표 "柳, 좌파 대표주자 옹립"⋯유시민 "선거판서 볼일 없다"〉, 연합뉴스, 2019. 10. 23.

6 _ 김영희, 〈[인터뷰] 손석희 "950번 앵커브리핑, 그걸 어떻게 했나 싶어"〉, 《한겨레》, 2022. 4. 6.

7 _ 정철운, 〈손석희 "시선집중은 라디오저널리즘의 보루"〉, 《미디어오늘》, 2020. 10. 27.

8 _ 원성윤, 〈JTBC, 손석희 앵커 기용⋯'새로운 뉴스' 추구〉, 한국기자협회, 2013. 9. 4.

9 _ 이윤정, 〈2022년 3R 청취율... 〈뉴스공장〉 1위, 〈신장개업〉 시사 프로그램 TOP3 등극!〉, TBS뉴스, 2022. 8. 9.

10 _ 고현실, 〈TBS 대표, 내부 책임론에 "대통령 지지율도 등락"〉, 연합뉴스, 2022. 7. 18.

11 _ 금준경, 〈'김어준의 뉴스공장' PD가 말하는 '정치적 편향성' 논란〉, 《미디어오늘》, 2021. 10. 18.

12 _ 김지원 · 윤승민, 〈보수와 친여 채널 사이에 '교집합'은 없다⋯'아시타비'는 돈이 되니까〉, 《경향신문》, 2021. 1. 20.

13 _ 브랜드의 이미지와 느낌, 아이덴티티를 수용자의 마음속에 심어주는 과정이다. 네이버 지식백과

14 _ 심재웅 외 3인,《방송저널리즘과 정치평론》, 한국언론진흥재단, 2012.

15 _ 홍성일, 〈보수적 방송 채널의 제도화 혹은 페니 프레스의 텔레비전화〉, 《문화과학》, 78, 2014, 90-102쪽.

16 _ 이영주, 〈종합 편성 채널 저널리즘의 비판적 재조명〉, 《한국언론정보학보》, 77, 2016.06., 36-72쪽.

17 _ John Jurgensen and Anne Steele, 〈Conan O'Brien's Podcast Company Sells to SiriusXM in Deal Valued Around $150 Million〉, 《The Wall Street Journal》, 2022. 5. 23.

18 _ 원성윤, 〈지상파·종편 등 방송 부진…신문 '악전고투' 속 대체로 흑자〉, 한국기자협회, 2013. 4. 10.

19 _ 송종현, '종합 편성 채널 시사토크 프로그램에 대한 진단과 평가'를 주제로 열린 '2013 방송심의 현안 토론회'에서.

20 _ 유수정, 〈종편 출범 초기의 지상파와 종편 메인뉴스의 주제 구성 및 다양성 변화에 대한 연구〉, 《한국콘텐츠학회 논문지》, 18(10), 2018, 53-64쪽.

21 _ 허문명, 〈안철수 "명성은 '무릎팍도사' 때가 최고… 순식간 국민 절반 적으로 돌아서"〉, 《신동아》, 2020. 7. 17.

22 _ 양승준, 〈박근혜·문재인·안철수 '힐링캠프' 누가 봤나 보니〉, 《이데일리》, 2012. 8. 6.

23 _ 대선 주자 예능의 효시로는 1996년 고(故) 김대중 전 대통령이 출연한 MBC 〈일요일 일요일 밤에, 이경규가 간다〉가 꼽힌다. 72세였던 김 전 대통령은 "서태지와 아이들을 좋아한다"고 말하며 대중들에게 친근한 이미지를 보여줬다. 당시 시청률은 40퍼센트를 넘겼다.

24 _ 현일훈, 〈눈물 흘리는 李, 계란 부치는 尹…이들이 예능 목매는 이유〉, 《중앙일보》, 2021. 12. 4.

25 _ 이경탁, 〈이재명을 음식에 비유하면? "깨끗하게 정리하는 숭늉"…윤석열은?〉, 조선비즈, 2021. 12. 3.

26 _ 강윤주, 〈"尹, 삼프로 TV 출연 몰라" 김종인이 '선대위 해체' 카드 던진 이유〉, 《한국일보》, 2022. 1. 6.

27 _ 임광복, 〈신사임당 20억 vs 삼프로TV 1조…200만 유튜브채널 가치는[(상)경제 유튜브 선순환 구조]〉, 《파이낸셜뉴스》, 2022. 8. 16.

28 _ 박만수 외 2명, 〈2022년 대선에서 유튜브가 보여준 가능성과 한계〉, 2022 대선미디어감시연대, 2022.

29 _ 이정원 외 2인, 〈'슈퍼챗' 수익만 따져도… "국회의원 하느니 정치 유튜브"〉, 《한국일보》, 2022. 8. 29.

30 _ 양소리, 〈시민사회수석, 보수 유튜브 출연…대통령실 "업무 알리는 차원"〉, 뉴시스, 2022. 8. 5.

31 _ 정재민, 〈이재명 "盧가 열어준 길 따라왔는데 이젠 혼자…盧의 용기 놓지 않겠다"〉, 뉴스1, 2022. 5. 23.

32 _ 구자창, 〈이준석 "尹대통령, '보수 노무현'되고 있다"〉, 《국민일보》, 2022. 6. 18.

33 _ 김소영, 〈김건희 공방 재점화…尹측 "김어준 · 탁현민 거짓선동"〉, 《동아일보》, 2022. 5. 7.

34 _ Axios, 〈Fox News surges over broadcast networks in prime time〉, Axios, 2020. 7. 1.

35 _ Julia Stoll, 〈Distribution of watching cable TV programming in the United States in 2016 and 2021, by genre〉, statista, 2021. 12. 21.

36 _ Mark Joyella, 〈Fox News Channel's Sean Hannity Becomes Longest-Running Host In Cable News History〉, 《Forbes》, 2022. 4. 21.

37 _ Jim Rutenberg, 〈Sean Hannity Turns Adviser in the Service of Donald Trump〉, 《The New York Times》, 2016. 8. 21.

38 _ Brian Flood, 〈Fox News crushes MSNBC, CNN in third quarter viewership as 'The Five' makes history〉, Fox News, 2022. 9. 28.

39 _ 추인영, 〈"당장 해고돼야" 파우치 폭발하게 만든 폭스뉴스 스타 앵커〉, 《중앙일보》, 2021. 12. 22.

40 _ Louis Nelson, 〈Maddow researches Hitler's past to prepare for a possible Trump win〉, 《Politico》, 2016. 7. 13.

41 _ Mark Joyella, With Rachel Maddow On Leave, Ratings Drop 26% For MSNBC's 'The Rachel Maddow Show'〉, 《Forbes》, 2022. 2. 15.

42 _ Jody Baumgartner and Jonathan S. Morris, 〈The Daily Show Effect: Candidate Evaluations, Efficacy, and American Youth〉, 《American Politics Research》, 34(3), 2006, pp. 341-367.

43 _ Jeffrey Gottfried and Monica Andersom, 〈For some, the satiric 'Colbert Report' is a trusted source of political news〉, Pew Research Center, 2014. 12. 12.

44 _ BBC Trending, 〈Jon Stewart and Brian Williams: 'Just switch jobs'〉, BBC, 2015. 2. 11.

45 _ Michiko Kakutani, 〈Is Jon Stewart the Most Trusted Man in America?〉, 《The New York Times》, 2015. 2. 11.

46 _ Chris Cillizza, 〈This is the most controversial Correspondents' Dinner speech ever. But nobody knew it at the time.〉, 《The Washington Times》, 2008. 8. 15.

47 _ 김예슬, 〈블랙 코미디는 어디로 갔나 [정치 풍자 예능①]〉, 쿠키뉴스, 2022. 1. 22.

48 _ Brad Dress, 〈Jen Psaki in MSNBC debut says Trump 'energizing' Democrats ahead of midterms〉, 《The Hill》, 2022. 9. 14.

49 _ 박서연, 〈윤석열 정부에서도 끊이지 않는 '폴리널리스트' 논란〉, 《미디어오늘》, 2022. 8. 10.

50 _ 2022년 6월 22~25일 미국 켈리포티아 LA 애너하임컨벤션센터(Anaheim Convention Center)에서 열렸으며, 메타와 틱톡 등 소셜미디어서비스 기업, 유명 크리에이터와 유튜버, 그리고 팬들이 참석해 성황리에 개최됐다.

51 _ 한정훈, 〈VIDCON 2022 참가기 비드콘을 통해 본 뉴스의 미래: 뉴스 크리에이터, NBC뉴스, 그리고 디지털 미디어 혁신〉, 《신문과 방송》, 2022. 8., 87~93쪽.

52 _ Sara Fischer, 〈NBC News launches streaming service to lure young viewers〉, Axios, 2019. 5. 30.

53 _ 앤드루스 교수는 미국 디트로이트 유력지인 《디트로이트 프리 프레스(Detroit Free Press)》의 편집국장을 지냈다. 그가 편집국장으로 재임하던 시절에 《디트로이트 프리 프레스》는 퓰리처상을 받았다.

북저널리즘 인사이드

뉴스가 말을
걸어올 때

팩트만으로 부족하다. 한국 언론진흥재단과 영국 로이터저널리즘 연구소가 공개한 '디지털 뉴스 리포트 2022'에 따르면, 국내 언론에 대한 신뢰도는 30퍼센트에 불과하다. 조사에 참여한 46개국의 평균치 42퍼센트에 크게 못 미치는 수치다. 이런 결과에 놀라지 않는 사람도 여럿이다. 국내 언론의 신뢰도 하락은 이미 오래된 문제기 때문이다. 이런 상황에서 팩트에만 천착한 뉴스는 사람들의 마음을 움직이지 못한다.

사람들은 더이상 신문·방송 등 레거시 언론에 뉴스를 기대하지 않는다. 앞선 조사에서 국내 뉴스 이용자의 열 명 중 네 명이 유튜브를 통해 뉴스를 본다고 답했다. 신문이나 TV가 아닌 유튜브에서 뉴스를 찾고 있다. 이런 현상이 가시적으로 드러난 것이 20대 대선 과정이었다. 증권·경제 전문 유튜브 채널 '삼프로TV-경제의신과함께' 대통령 특집이 그야말로 열풍을 일으켰다. '삼프로TV가 나라를 살렸다'는 반응은 레거시 언론으로서 뼈아픈 비판이었다.

어떻게 지금의 상황에 이르렀는지 질문할 때다. 매체의 변화는 소통의 방식을 바꾼다. TV가 없던 시절, 서구권 거실은 벽난로를 중심으로 둥글게 소파가 놓이는 구조였다. 사람들은 둘러앉아 시선을 맞추며, 책이나 신문에서 본 '세상 돌아가는 이야기'를 나누곤 했다. TV는 탄생과 동시에 거실의 중심을 차지했고, 소파는 그 맞은편에 놓였다. 소파에 나란히

앉은 사람들은 이따금 한마디씩 건네곤 했지만, 시선은 TV에 고정됐다. 그리고 스마트폰으로 뉴스를 보고 읽는 시대, 대화는 사라졌다.

그렇다면 지금의 뉴스는 단순한 팩트를 넘어, 대화 한 가운데 놓인 듯한 생생함을 전달해야 한다. 마셜 맥루한은 이용자의 태도에 따라 매체를 핫미디어와 쿨미디어로 분류했다. 글자 그대로 이해하면 되기 때문에 수용자가 별다른 노력을 기울일 필요가 없는 신문은 핫미디어. 수용자가 시청각을 활용해 적극적으로 정보 해석에 개입해야 하는 방송 등은 쿨미디어에 속한다. 이에 더해 수용자의 능동적인 인터랙션까지 요구하는 유튜브는 쿨미디어의 정점에 있다고 볼 수 있다.

쿨미디어의 정점에서 사람들이 원하는 것은 정해진 답이 아닌 '질문'이다. 패널들의 대화 속에서 건져낸 분석으로 자신만의 관점을 만들어갈 수 있도록 이끄는 뉴스 말이다. 사람들은 더 이상 양쪽의 의견을 그대로 전하는 것을 '객관과 균형'이라 여기지 않는다. 오히려 '따옴표 저널리즘'이라 비판한다. 토크 뉴스는 날센 검증과 분석으로 질문을 던지는 '물음표 저널리즘'으로 나아가는 디딤돌이 될 수 있다.

저자는 좋은 뉴스를 만드는 것은 생산자의 의무고, 좋은 뉴스를 격려하는 것은 소비자의 몫이라고 설명한다. 토크 뉴스는 레거시 언론이 변화한 미디어 환경에 적응하려는 시도이자 노력이다. 질문에 답할 때 비로소 대화는 완성된다. 토크 뉴스도 마찬가지다. 말을 걸어오는 뉴스에 답할 때, 우리는 언론의 위기가 아닌 미래를 얘기할 수 있을 것이다.

정원진 에디터